高齡者體適能活動
設計與引導實務

能量與律動共舞、高齡更健康
Designing and Practice of Senior Fitness

秦秀蘭、李瑋 / 著

理事長序

　　隨著經濟與教育水平的提升，新一代的高齡者普遍對自己充滿期待、渴望學習，高齡學領域稱這些高齡者為「新高齡者」。本學會即以滿足新高齡者的學習需求，提升新高齡者的身心健康為服務宗旨。100年成立迄今，年年致力於社區或機構高齡團體活動設計的教學、培訓、競賽等，務期能提升國內各類高齡者的生活品質。

　　本書是學會第一本學術出版品，以此實踐本學會長期以來對社區高齡身心健康服務的關注與期許。作者秦秀蘭博士，長年從高齡教育工作，任教時和諸多同好共同努力成立了台灣新高齡社區發展學會，推動國人對新一代高齡健康發展的認知，不遺餘力。退休後更是將全副精神投身於此，在各個地方，包括學校，安養機構培訓高齡體適能教育訓練，孜孜矻矻，努力用心，至為讓人敬佩。專攻免疫學研究的李瑋博士則為學會年輕一輩的會員，本次共同參與撰寫此書，尤為值得喝采！

　　生命的核心價值在於健康，而非僅是歲月的延長，如何增加高齡者的健康，體適能活動是非常重要的一環。本書即是抱持此一宗旨，在長期指導高齡者健康教育的經驗心得下，寫成此書。

　　這是一本健康的書，值得　照學習。

台灣新高齡社區健康發展學會第四屆理事長

李光玉 謹識

2021.09

自 序

　　近二十年來，台灣成人終身學習的多樣性盛況空前，除了社區大學多元、紮實的發展，樂齡學習（以55歲以上民眾為對象）的推廣更是百花齊放、呈現三足鼎立的樣貌，即樂齡大學、樂齡學習中心、高齡自主學習團體等三個體制同步進行，提供不同特質高齡者不同的學習。樂齡領域嚴謹、持續、高水平的講師養成制度，讓台灣的高齡教育受到國際的高度重視，促成活躍老化的高齡人力資產，是台灣終身教育的重要成就。

　　然而，隨著高齡人口的增加，長期照顧服務的普及化，「高齡照顧」與「高齡學習」之間的鴻溝正逐漸縮小。高齡「學習機構」紛紛結合照護的概念，開設各類體適能、營養保健等健康促進類課程；高齡「照顧機構或據點」則多了許多「學習成長」的氛圍。這正反映了Jarvis所提倡的終身學習概念：高齡者有責任透過學習，瞭解自己身心老化的特質，把自己照顧好，避免認知功能提早退化或失能，造成家人與社會的沉重負擔。

　　由於高齡者特質的多元與複雜性，高齡學習的內容規劃、講師培訓養成、教材的設計與開發等，都是重要且亟待發展的領域。在教與學的過程中，活動引導者或講師必須扮演一種媒介，講師或引導者必須從高齡學習者出發，透過適當的轉化、詮釋，讓高齡者懂得照顧自己的知識，並把這些知識轉化為自我照顧的行為。

　　因此，本書的撰寫分為兩個部分：第一部分開宗明義介紹高齡者體適能的重要性，說明高齡期個體為了適應日常生活的發展任務，並介紹高齡者維持身心健康的最佳選擇，包括：能量與人體能量場、21

世紀醫術新秀——能量醫學、經絡系統、氣血共振等。第二部分介紹高齡者體適能活動設計與引導技巧，並以「能量律動健康操」為範例來說明。希望幫助許多音樂、藝術或運動等各領域的專業教師，順利地轉入高齡教育領域，快速地掌握高齡活動設計與引導的技巧。

秦秀蘭、李瑋 謹識

目　錄

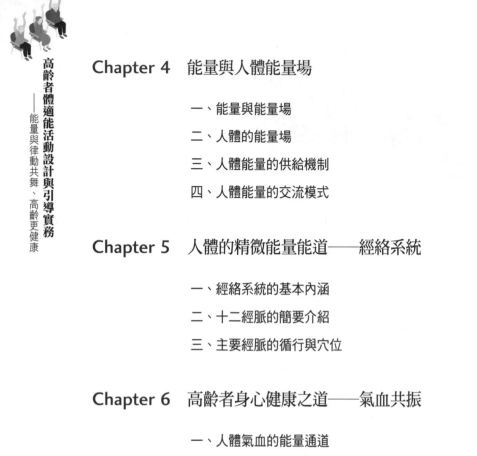

目
錄

Chapter 1

認識高齡者體適能

一、運動生理的基本認識

二、健康體適能的內涵與檢測

三、高齡者體適能的內涵與檢測

高齡者體適能（senior fitness），又稱為功能性體適能（functional fitness），也稱「銀髮族體適能」，是讓高齡者擁有自我照顧，並增進良好生活品質所必要的健康體適能。功能性體適能是指在日常生活中，不需依靠別人幫助，可以獨立完成日常生活中必要的體力活動，例如：簡單家務、拿起物品、跨越街道，以及行走較遠距離去購物、處理事務等（Rikli & Jones, 2013）。換句話說，高齡者的體適能是以滿足「日常生活活動」（Activity of Daily Living, ADL）所需，是高齡者適應日常生活所需的功能性體能。

在探討高齡者體適能之前，高齡體能活動引導講師必須對「運動生理學」有基本的認識，再進一步介紹健康體適能與高齡者體適能的內涵、檢測。

一、運動生理的基本認識

運動生理學（Exercise Physiology）是在探討身體內部物質的能量，如何轉變為機械性的能量；探討有機體如何把攝取來的食物，加以消化、吸收，貯藏並轉化為能量，供運動時肌肉收縮所使用；探討面對運動刺激，身體所產生的急性的與慢性的生理功能變化。所謂的「急性反應」是在探討運動中，為了供應所需增加的能量或氧氣，身體所產生的各種生理現象。「慢性反應」則是在探討運動後，或者經過一段時間的反覆運動刺激之後，身體所發生的生理功能的變化，也就是一般所稱的「訓練效果」（賴金鑫，1993）。

因此，運動生理學探討的課題包括：如何提升體適能與運動表現，提升個體在特定環境中的身體功能，如何透過身體活動改善健康與體適能，透過運動預防疾病或減緩疾病的徵狀，以及身體活動對人體生理的影響等（林正常等譯，2017）。運動生理學的學習，一方面

要瞭解不同的活動或環境因素，對不同的器官功能所產生的影響；一方面瞭解從事某種運動刺激時，個人所需要的體能大小、如何訓練最適當的體能，以及從事這項運動時該有的特殊適應方式。

賴金鑫（1993）從運動醫學的角度認為，個人的體適能與運動表現，受到下列幾個因素的影響：

1. 個人細胞能量輸出率的大小：包括細胞能量來源為無氧性能源或有氧性的能源，以及血液循環輸送氧氣的能力等。
2. 神經肌肉性功能：包括肌力、身體協調性、運動的技巧等。
3. 關節活動度：即所謂的「柔軟性」。
4. 個人心理因素：也就是運動參與者的動機與戰術。

這些影響因素是體適能的重要元素，至於哪些因素較重要，則視不同的運動項目而不同。例如，打高爾夫球不需要有很大的能量輸出率，重要的是優異的技術；跳高則是肌力與技巧同樣重要。

二、健康體適能的內涵與檢測

(一)「Functional U」的概念

美國「國際活躍老化協會」（The International Council on Active Aging, ICAA）的律動課程以「活躍老化」為服務目標。該協會以「Functional U」概念提供許多律動課程、體適能的課程方案，包括健康運動器材的參考和選購、居家活動方案的自修和提供、參加體適能課程、營養課程、自我照護等（Fulton, 2013）。其中，由音樂治療師Kat Fulton所提出來的「Functional U」概念，是目前國際各類體適能中心活動設計的概念。

「Functional U」概念主張每一個個體都有完整的功能，每一個個體都是有生命的、有心跳的個體，「Functional U」的概念主張，「律動」（rhythm）是每個人與生俱來的本能（Fulton, 2013）；透過律動，才能展現個體完整的特質與功能。此與能量醫學、中國傳統經絡學的理念完全相同。

(二)體適能的界定與內涵

體適能（physical fitness）可視為身體適應生活與環境（例如溫度、氣候變化或病毒等因素）的綜合能力。體適能較好的人在日常生活或工作中，從事體力性活動或運動都有較佳的活力及適應能力，不容易產生疲勞或力不從心的感覺。在科技進步的文明社會中，健康餘命明顯增加，人類身體活動的機會越來越少，工作與生活壓力和休閒時間卻相對增加，良好體適能和規律運動格外的重要。日前高齡體適能的研究也認為，高齡者體適能訓練確實可以提升長輩的認知功能（陳依靈，2019）。國民健康署長期也呼籲，「規律運動」是高齡者保持心臟血管彈性的最佳策略（衛生福利部國民健康署，2020）。

良好的體適能需要有均衡營養、運動、飲食管理，以及足夠的睡眠和休息。體適能可分為健康體適能及運動體適能，並以「健康體適能」為基礎，包括心肺耐力、肌力、肌耐力、柔軟度、身體組成等五個要素（教育部體育署體適能網站，2021）：

1.心肺耐力：心肺循環系統攜氧及養料至肌肉的能力。
2.肌力：肌肉或肌群的最大力量。
3.肌耐力：肌肉或肌群能重複活動的次數。較佳的肌耐力可以使身體持續較長的活動時間，不容易產生肌肉疲勞與痠痛。

4.柔軟性：肌肉周圍組織及關節可活動的範圍。擁有較佳的柔軟度，肢體活動範圍較大，肌肉較不易拉傷，關節也較不易扭傷。

5.身體組成：包括脂肪百分比、腰臀比例、身體質量指數（BMI）等。

(三)體適能的檢測

健康體適能以享受生活為目的，因此健康體適能的檢測是個人健康計畫的重要內涵。一般青少年與成人的健康體適能檢測通常包括下列檢測：

1.心肺耐力：男1600M、女 800M跑步。

2.肌力：立定跳遠。

3.肌耐力：1分鐘屈膝仰臥起坐。

4.柔軟度：坐姿體前彎。

5.身體組成：脂肪百分比、腰臀比例、身體質量指數（BMI）。

三、高齡者體適能的內涵與檢測

(一)高齡者體適能的內涵

「日常生活功能」獨立，是長輩健康的象徵，不良的體適能，是導致高齡者無法獨立生活能力、罹患慢性病的重要指標。身體活動量較高的高齡者，通常擁有較快速的行為反應、訊息處理速度及較高的注意力。可見身體活動量對高齡者認知表現有重要影響（豐東洋、黃耀宗、郭正煜、高士竣，2016）。高齡者體適能的衰退，會引起日常

生活功能退步，所以適度的規律運動及維持適當的體重對高齡者非常重要。

高齡者體適能是一種功能性體適能，是高齡者擁有自我照顧，並增進良好生活品質所必要的健康體適能。隨著年齡漸增、身體自然老化、體能衰退，高齡者在身體結構上、休息與運動時的反應及心肺功能的調整皆與一般成人不同。除了儘量提供高齡者完善的運動參與機會，在運動的質量上，也必須針對高齡者的心理狀態、體能狀態，調整運動的時間與強度。

高齡者的身體一方面要因應高齡者在生理上的退化與改變，一方面需要滿足高齡者維持健康生活上的需要，除了肌耐力、心肺功能以外，要特別重視「身體平衡力」的維護，預防跌倒，避免骨折發生。要擁有良好的身體平衡力必須讓身體保持正確的姿勢；要維持正確的姿勢，則必須擁有靜態平衡力（static balance）與動態平衡力（dynamic balance），好的肌肉質量與骨質密度（台大醫院健康電子報，2017）；其中，靜態平衡力與高齡者的握力有高度正相關（秦秀蘭、林裕珍、蕭玉芬、莊華盈，2017）。

(二)高齡者體適能的檢測

目前多數高齡者的體適能訓練、檢測，則都是依據ACSM於2009年提出的「Exercise and Physical Activity for Older Adults」所建議的原則來設計（方怡堯、張少熙、何信弘，2015）。高齡者體適能有幾個重要因素，包括：上下肢肌耐力、上下肢柔軟度、心肺耐力、敏捷度與平衡力；這些能力都是高齡者能夠保持獨立執行日常生活能力的關鍵能力。因此，高齡者體適能檢測除了一般的身體組成、肌力、肌耐力、柔軟度、心肺耐力外，還加上敏捷度及平衡能力（林潔雨，

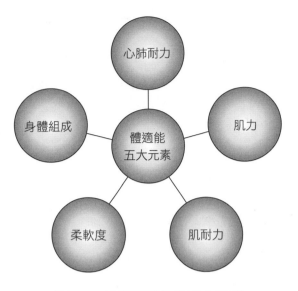

圖1-1　健康體適能的五大元素

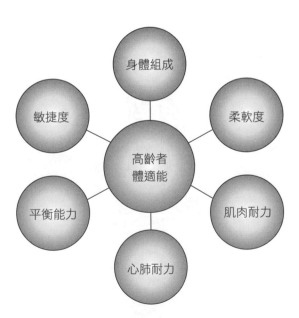

圖1-2　高齡者體適能的重要元素

2021；Rikli & Jones, 2013），也就是目前「功能性體適能檢測」的內容。其中，提高「敏捷度」及「平衡能力」是避免高齡者跌倒的重要因素。

高齡者功能性體適能的檢測包括：身體組成、心肺耐力、肌耐力、柔軟度、敏捷度與平衡力幾個項目。其中，身體組成的測量與一般體適能相同，其他幾個項目詳細說明如下（邱柏豪，2019；陳永展，2004；秦秀蘭等，2017；林潔雨，2021）：

◆心肺耐力：2分鐘原地踏步

1. 先測量受測者骼骨棘與骨中點連線之1/2處，以有顏色膠帶在牆面上標示高度。

2. 告知受測者踏步時，以此標示為抬膝的高度依據。

3. 施測時，計算受測者在2分鐘內盡力完成原地踏步的動作的次數，每次抬腿高度都必須達標。

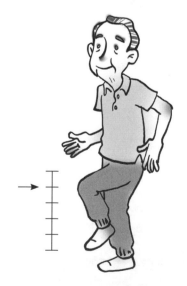

圖1-3　2分鐘原地踏步

◆**肌耐力**

1.下肢肌力：30秒椅子坐站測試

(1)受測者坐在椅子中央，雙腳平踩地面，身體軀幹挺直，雙手交叉於胸前。

(2)測試開始，受測者立即起身站直，再迅速坐下。

(3)計算30秒內，起身站立的次數。

2.上肢肌力(一)：手部握力測試

(1)以電子握力測試儀（Grip-D, TKK 5101, Tokyo, Japan）施測。

(2)施測前時採站姿，兩腳自然分開，身體保持直立，以慣用手手持握力測量儀，兩臂自然下垂。

(3)開始施測時，慣用手手掌全力緊握，記錄握力值。

(4)連握兩次，兩次間隔1分鐘，取最大值。

3.上肢肌力(二)：30秒肱二頭肌手臂屈舉

(1)受測者坐在椅子上，以慣用手握持啞鈴，啞鈴的重量男生以8磅（3.6公斤）、女生以5磅（2.3公斤）為原則。

(2)預備時身體打直，雙腳平踩地面，慣用手自然下垂。

(3)開始施測時，受測者將手臂往上屈曲到最緊繃後，再放下，上下來回為一次。

(4)計算30秒內，手臂彎舉的次數。

◆**柔軟度**

1.下肢柔軟度：椅子坐姿體前彎

(1)受測者坐於椅子的前1/3，讓右腳輕鬆伸直，左腿屈膝平踩地面。

(2)右腳往前伸直後，腳跟著地、腳尖翹起約90度。

(3)雙手上下重疊,讓中指尖齊平;深吸一口氣,身體和雙手慢慢地往腳尖方向伸直,感到大腿後側肌群緊繃,停留。

(4)測量手指指尖至腳尖的距離。

(5)施測時可試測兩邊,擇優記錄。

2.上肢柔軟度:雙手背後相扣

(1)受測者採站姿,慣用手置於同側的肩部後方,掌心朝向背部,手指伸直,沿著背部中央盡量往下伸(手肘朝上)。

(2)另一隻手掌心向外從下背向上延伸,雙手盡量靠近、相碰或雙手交疊,雙手絕對不可以握住互拉。

(3)雙手手掌儘量靠近或重疊,測量雙手中指重疊或兩指之間的距離。

(4)可測二次,擇優記錄。

◆敏捷性:2.44公尺椅子坐起繞物測驗

1.受測者坐椅子上,身體挺直,雙腳平踩於地面。

2.施測開時時,受測者立即起身並用最快速度大步行走,繞過前方障礙物,再繞回到起點,穩定的坐下。

3.可施測兩次時,以時間最短的來記錄。

◆平衡力

高齡者體適能檢測只測量身體的靜態平衡力,動態平衡力通常都透過儀器來協助。

1.靜態平衡力(一):30秒單腳站立

(1)受測者雙手插腰,雙腳穩定地站在平坦的地面上。

(2)施測時,單腳站,離地那隻腳置於支撐腳的腳踝內側,並開始計時。

(3)分別記錄左、右腳單腳支撐的時間。

(4)受測者其中一側單腳站立長達30秒，即不用再施測另一側。

2.靜態平衡力(二)：兩腳前後站

(1)採地板式「兩腳前後站」（tandem standing）方式測量。

(2)在地上貼一條長2-3公尺、寬10公分的直線膠帶。

(3)受測者雙手插腰，將慣用腳放在非慣用腳的正前方，慣用腳的腳跟與非慣用腳的腳尖相連，雙腳腳板都踩在直線膠帶上。

(4)受測者能維持雙手叉腰、雙腳腳掌平踩線上，達20秒鐘為5分；能維持10秒為4分：身體左右搖晃不超過30度者為3分；身體前後搖晃不超過30度者為2分；雙手能維持放在腰上為1分。

(三)高齡者體適能檢測資料的應用

◆檢測資料的基本解讀

　　高齡者體適能檢測有兩個主要目的，一者是透過前、後測，瞭解高齡者參與健康促進活動的績效；一者則是透過檢測，提早發現長輩的衰弱程度，及早補救或給予必要的協助。因此，高齡者體適能檢測資料的紀錄非常重要，是自我比較的資料，目的在提供高齡照顧服務的介入參考。施測時要強調「自己和自己比」，希望下個月的自己比現在更健康，不要給長輩太大的壓力。

1.讓長輩瞭解自己的體能狀態，增加健康促進課程的學習樂趣

　　例如，上述身體平衡力的檢測，一般都使用「30秒單腳站立」；但是老老期的高齡者或認知障礙者，經常有膝關節疼痛或痛風，單腳

站立相對困難。可在靠牆的地上貼上彩色膠帶，以「兩腳前後站」的方式來測量，以五等第的計分方法，非常方便。很多完全無法單腳站立的長輩，只要能兩腳前後站立，就可得1分；只要持續練習、再練習，長輩們可以從1分進步到2或3分，這才是高齡者體適能檢測真正的目的。

至於高齡各年組的體適能常模，目前國內都是各大學體育教學或高齡研究機構的研究資料、結案報告，提供大家參考，還沒有一定的標準或公告資料。事實上，每一項檢測時所採用的器材不同，都會影響到施測成績。例如，「30秒坐姿起立測試」時，椅子的高度、有無把手等都可能影響施測的成績；「30秒肱二頭肌手臂屈舉」施測時，手臂往上屈曲的程度，也會影響次數。只要抱持著：「自己和自己比」，讓長輩們習慣透過簡易的施測，瞭解自己的體能狀態，既可以增加健康促進課程的學習樂趣，也可以安心地照顧自己。

2.提早發現長輩的衰弱程度，給予適當的運動介入

透過檢測也可以提早發現長輩的衰弱程度，給予適當的運動建議，甚至安排提早就醫。因此，參考衛生福利部國民健康署的健康體能評量，以及相關研究資料，整理主要的高齡體適能檢測「失能危險性參考閾值」（如**表1-1**），供大家參考。高齡受測者任何一項施測資料達到失能危險性參考閾值，都必須及時給予提醒，提供後續的協助或轉介。

◆衰弱與肌少症篩檢

1.高齡者衰弱的簡易評估

高齡者體適能已受到醫療與照護領域的高度重視，其中，透過體適能檢測可以提早發現肌少症（Sarcopenia），進一步預防衰弱

表1-1　高齡體適能評估參考值

評估要素	檢測項目	失能危險性參考閾值
身體組成	BMI、腰臀圍、體脂肪率	BMI：參考值18-24 腰圍：男> 90公分 女> 80公分
下肢肌耐力	30秒椅子坐站測試（最快之速度）	男< 12次 女< 10次
上肢肌耐力	30秒肱二頭肌手臂屈舉	< 11次
上肢肌耐力	左右手手部握力	男性< 27公斤 女性< 16公斤
下肢柔軟度	椅子坐姿體前彎（雙手交疊中指與腳趾間距離）	男 < -4公分 女 < -2公分
上肢柔軟度	雙手背後相扣（雙手中指指間距離）	男 < -8公分 女 < -4公分
靜態平衡	張眼單腳站立（最多測2分鐘）	男、女 < 10秒
敏捷度	2.44公尺椅子坐起繞物（最快之速度）	男、女 > 8秒
心肺耐力	2分鐘原地踏步（計算右腳次數）	男< 90次； 女< 80次

參考資料：衛生福利部國民健康署（2021）；秦秀蘭等（2017）；劉奕辰（2021）

（frailty）的發生。過去有關衰老的研究認為，下列五種情形只要出現三種，就是衰弱：(1)體重快速改變；(2)經常表示自己身體有疲倦感；(3)活動力減低；(4)手腕握力低於同性別和年齡20％百分等級；(5)動作變得緩慢（方進隆，2019；秦秀蘭、林裕珍、蕭玉芬、莊華盈、李瑋，2018）。近期，衛福部為了提高預防醫學的績效，提醒65歲以上民眾透過只需三項簡單評估，就可初步瞭解自己是否有衰弱的情形。如果以下項目出現一項，即為「衰弱前期」，出現兩項以上則為「衰弱」（衛福部國民健康署，2018）：

(1)與一年前相比，體重減少超過3公斤。

(2)無法在不用手支撐的情況下，從椅子上站起來五次。

(3)常常感到對事情提不起勁。

2.肌少症的檢測與評估切點

在所有衰弱指標中，因肌肉質量減少導致的「肌少症」受到最高的重視，目前已證實肌少症是老年失能的凶手。肌少症是全身、持續且普遍性的骨骼肌重量及功能減少，伴隨可能造成失能、生活品質下降，甚至是生活無法自理以及死亡風險增加。歐洲老年肌少症工作小組（EWGSOP）在2010年即發表肌少症的判斷標準，建議採用肌肉質量（muscle mass）、肌力（muscle strength）、體能表現（physical performance）三項指標，來作為肌少症的評估指標。肌少症的篩檢可以先透過SARC-F問卷，加上小腿圍的評估，再進行肌力檢測。其中，簡單容易操作的「手部握力」與「椅子坐站測試」，分別檢測上肢肌力與下肢肌力，是目前公認最好的肌少症篩檢方法（秦秀蘭等，2018；劉奕辰，2021）：

◆手部握力（grip strength）

手部握力主要用來檢測上肢肌力，已有許多研究證實，握力與年齡成反比，握力代表個體的生命力，與高齡者的住院時間、生活品質等有極高的相關。至於定義「低肌力、低握力」的評估切點（cut-off point）則有不同的標準，目前多數人使用的標準為：男 < 27公斤、女 < 16 公斤（劉奕辰，2021）。筆者在2018年針對南部2,211位社區高齡者的研究，則以男 < 26公斤、女 < 18 公斤為低握力的判斷標準（秦秀蘭等，2018）。

常用的握力檢測儀有兩種：(1)TKK 5101電子握力測試儀（如**圖1-4**），測量時，兩臂自然下垂，單手持握力儀全力緊握；(2)Jamar液

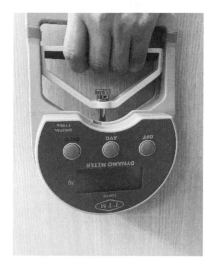

圖1-4　TKK電子握力儀

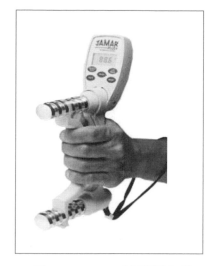

圖1-5　Jarmar液壓握力儀

壓握力測試儀（如圖1-5），測量時，手肘平舉與手臂呈90度，單手持握力儀全力緊握。

◆椅子坐站測試（chair stand）

本章高齡者體適能檢測中的30秒椅子坐站測試，主要用來測量下肢肌力。透過椅子坐站測試，低肌力的定義為：在不使用手臂的狀態下，從坐姿到站立，進行五次，重複五次的時間大於15秒，就有肌力不足的現象，需要做進一步的檢查（劉奕辰，2021）。

綜合上述，功能性體適能確實會隨著認知能力的下降而衰退；但肌耐力、心肺能力、敏捷度及平衡能力幾個項目，在輕度認知障礙階段，並沒有嚴重退化的情形，是訓練高齡者日常生活獨立自主能力的關鍵期（林潔雨，2021）。為了減緩高齡者認知功能的退化，降低未來社會與家人的照顧壓力，各類社區高齡照顧據點健康促進課程的引導講師都應該掌握「輕度認知障礙」階段的黃金時間。

圖1-6　椅子坐站測試

　　以目前各社區照顧關懷據點的服務現況為例，據點參與長輩的認知狀態非常多元，其中經常夾雜幾位輕度或中度認知功能障礙的長輩。但是多數講師的體適能活動內容都是為一般健康或亞健康的長輩而設計，教學引導中很容易忽略認知功能障礙長輩的學習。事實上，輕度認知障礙階段，是訓練高齡者生活自主能力的關鍵時期，值得我們留意；也期待一般失智照顧據點夥伴瞭解「學習介入」、「運動介入」對輕度認知障礙長輩的重要性。

討論焦點

1.請說明高齡者體適能與一般體適能內涵的異同。

2.高齡者體適能檢測時,如何測得「上肢肌力」?請簡要說明。

3.「衰弱評估」可以提早發現高齡者的衰弱情形,衛福部國民健康署建議65歲以上民眾只需三項簡單評估,就可瞭解自己是否有衰弱的情形。請問是哪三項?

4.「椅子坐站測試」的檢測主要在瞭解高齡者哪一項體適能?如何運用這項檢測資料?

Chapter 2

高齡期個體身心健康的發展任務

一、高齡期個體的生理與心理發展特質
二、高齡期個體維持身心健康的任務

　　個體一旦進入高齡期，器官的老化、生理機能的衰退，一方面造成反應遲鈍、身體活動不便，增加慢性病的罹患機率；一方面也因為罹患慢性病，加速身體活動能力的衰退。在器官機能衰退、慢性疾病雙重因素衝擊下，導致高齡者逐漸缺乏獨立執行日常生活的能力。

　　然而，隨著平均餘命的延長，高齡者需要克服身體自然老化、身體各系統與器官逐漸衰老的壓力，才能適應日常生活；因此，規律運動、維持好的體適能，對高齡者非常重要。能維持健康體適能，就能有效降低高血壓、糖尿病、動脈硬化、心血管疾病、腦中風、骨質疏鬆和憂鬱的發生率，對於這些疾病的治療也非常有幫助。

　　一般而言，我們在規劃高齡者健康促進活動時，通常都從高齡者在生理與心理上的退化程度來思考。例如，如何延緩高齡者認知老化的程度、如何降低大腦白質疏鬆、如何減少大腦類澱粉斑的產生等，都是一種補償性的觀點。事實上，人類的大腦即使到了高齡期，仍然充滿了可塑性和無限的可能（洪蘭譯，2016）。因此，除了瞭解高齡者在老化過程中，身體與心理所產生的變化，應該以積極、開展的觀點，開展高齡者身心的無限可能。

　　因此，本章簡要地介紹高齡期個體在生理與心理的發展特質，繼而以積極、開展的觀點，闡述高齡期個體為了克服老化、適應日常生活，維持健康的生理、心理狀態，身心需要努力鍛鍊的重點。

一、高齡期個體的生理與心理發展特質

　　個體的生理與心理緊密相關，高齡期個體各種器官的老化，除了導致身體外表樣貌的變化、衰老、疾病；從社會角色中撤退，失去工作成就感和頭銜外，也會引發更多的心理壓力，轉而加速了生理的老化。總之，高齡者生理與心理相互影響的程度明顯大於年輕世代。

(一)高齡期個體的生理發展特質

　　個體到了高齡期，生理上的變化主要是身體各系統與器官的老化、衰敗；身體每一個系統功能逐漸下降，系統間原本相互抗衡的情形日益加速，系統之間相互補足的功能卻隨著年齡增加而逐漸下降。其中，貫穿全身、負責調節各系統的神經與心臟血管系統功能的退化，對高齡者身心健康的影響最大，因此，另外詳加說明。

◆主要系統與器官的老化

　　身體各種器官的老化，引發各種疾病，是造成高齡者心理壓力的主要來源。例如：

1.「皮膚系統」方面：表皮及真皮層變薄、角質層再生率下降、上皮細胞更新速度變慢、膠原蛋白與彈性纖維蛋白減少、皮下組織減少等，導致皮膚變得乾燥、老人斑增加、頭髮變白，很容易呈現衰老的樣貌。

2.「肌肉骨骼系統」方面：骨質減少、椎間距離變短、肌肉量減少、關節軟骨退化，導致步態改變、身高縮短、易骨折等，也是高齡者容易跌倒、發生意外的重要原因。

3.「心臟血管系統」方面：心室肌肉變硬、心瓣膜纖維化、血管彈性下降、動脈管徑變大、管壁變厚且僵硬，造成高血壓、靜脈曲張，以及各種心血管疾病。

4.「呼吸系統」方面：胸壁僵硬、呼吸肌肉強度降低、肺泡數量減少、氣管與支氣管纖毛數量減少、活動性降低等，導致呼吸無力、血氧飽和度下降、無效性咳嗽等。

5.「神經系統」方面：腦萎縮、感覺神經退化、突觸改變、大腦

神經細胞改變等，造成感覺、運動神經功能退化，本體感覺變得遲鈍，各種記憶、反應能力變差，對高齡者應付日常生活與外在環境的影響最明顯。

6.「消化系統」方面：味蕾萎縮、唾液分泌減少、腸道動力減低、多種消化液分泌量減少，導致牙齦脆弱、便秘、胃食道逆流，甚至吞嚥困難。

7.「內分泌系統」方面：甲狀腺機能降低、胰島素減少，導致身體代謝率下降、老年肥胖、葡萄糖耐量降低。

8.「生殖系統」方面：雄性與雌激素分泌減少，除了造成衰老體態，也是造成骨質疏鬆的原因之一。

9.「泌尿系統」方面：膀胱肌肉彈性降低，腎元、腎絲球數量減少，括約肌萎縮、攝護腺增生等，引發令人困擾的頻尿、尿失禁等。

10.其他：如視覺、味覺、聽覺、嗅覺的退化，也會影響高齡者的生活適應與生活品質。

◆大腦結構與神經系統的退化與改變

大腦神經系統老化對高齡生活適應的影響隨著年齡增加而增加，高齡期大腦神經系統的改變可大致區分為：大腦硬體結構的改變、腦神經系統連結效能的降低。

1.大腦硬體結構的改變：

(1)大腦血流不足，形成漸進的腦白質疏鬆（leukoaraiosis），影響身體平衡感、認知與動作協調能力。

(2)腦細胞內的代謝產物脂褐素、大腦類澱粉斑（amyloid protein）等無法順利從血液循環排出；大腦蛋白質小塊的堆

積，進一步造成記憶減退、睡眠欠佳、容易疲勞等。

(3)高齡期以後，大腦前額葉（prefrontal cortex）神經細胞相關功能的衰退最為明顯（Reuter-Lorenz & Park, 2010），因此，高齡者老化過程中，個人「情緒處理」能力的改變最多，也是影響高齡心理健康的主要因素。

2.腦神經系統連結效能的降低：

(1)高齡期大腦細胞因特化不足，形成左右腦功能不對稱現象之遞減（hemispheric asymmetry reduction in older adults, HAROLD），或稱為「雙邊半腦運用」（bilateral hemisphere involvement）（Reuter-Lorenz & Park, 2010）。高齡者身體一旦缺乏「異側傳輸」（contralateral transmission），身體就有能量不足的情形，加上長時間久坐，導致氣血不通、身體能量阻滯，甚至引發疾病。

(2)高齡期大腦神經網絡彈性變差，引發過度的額葉皮質補償作用，例如前額葉對顳葉記憶功能的補償作用。在神經彈性較差的區域，就可能產生神經連結不良的情形（銀髮心理科普知識推廣，2015；Brann, 2013）。

(3)高齡者神經傳導物質的分泌減少，例如多巴胺（DA）、乙醯膽鹼（Ach）、血清素（5-HT）、性荷爾蒙等都明顯減少，導致神經訊息傳導效率變低。

◆心臟血管系統功能退化與改變

心臟血管系統的老化主要是血管逐漸失去彈性，血管的構造也產生變化，心臟血管系統透過心臟的共振，連結、統整全身各大系統的功能。高齡期個體的心臟血液系統，一方面要保持心臟血管肌肉的彈性，一方面要克服末梢神經退化的壓力，協助心臟能順利地將血液送

達腦部與四肢末梢,並讓末梢血液順利回到心臟。

　　對高齡者而言,心臟血管系統的養護是健康養生的首要任務。心臟健康,大腦就健康,動脈硬化如果發生在大腦,就可能引起失智。事實上,類澱粉斑是大腦神經細胞新陳代謝的必然產物,健康的神經細胞也會產生;只要心臟血管健康、功能好,這些代謝產物就可以順利地進入血液循環,隨著血液循環順利地排出體外(陳英菲,2017;李寧怡譯,2019)。一旦血液循環功能退化,例如大腦血液量減少、心室肌肉變硬、血管彈性降低、心臟無力等,類澱粉斑就會在大腦中累積,導致認知功能障礙。

(二)高齡期個體的心理發展特質

　　高齡期個體心理上的變化主要是記憶力的改變、專注力不足與情緒調適能力的改變。

◆高齡者記憶力的改變

1.流體智力降低、晶體智力持續增長

　　高齡者為了適應日常生活,既需要流體智力,也需要晶體智力。與神經系統發展有關的「流動智力」,會隨著年齡的增加逐年下降;然而,高齡者因過去社會文化中所習得的解決問題的方法、知識應用統整能力等,累積的「晶體智力」則會持續增長。例如過去所學的詞彙、一般資訊運用能力、解決問題的方法、審美觀等,都不會因為年紀增長而衰退。

　　晶體智力受後天的經驗影響較大,與教育、文化有關,在人的一生中持續發展。晶體智力是透過掌握社會文化經驗而獲得的智力。如詞彙概念、言語理解、常識等記憶儲存資訊為能力,協助高齡者可以

順利處理現在的人際問題。

2.編碼技巧不佳、短期記憶降低

　　高齡者記憶力的改變主要是缺乏適當的編碼技巧，造成「短期記憶」（或稱工作記憶）下降，由於短期記憶與高齡者日常生活關係密切，因此對高齡生活影響較大。一般人從30歲以後記憶力就開始走下坡，人體到了中年以後，海馬迴部分每十年大約損失5%的神經細胞。大腦海馬迴中神經傳導物質「乙醯膽鹼」（Acetylcholine）分泌降低或缺乏，都會影響記憶的形成，資訊儲存的編碼、提取、檢索等效能（秦秀蘭，2012）。如果個體過度敏感，就會出現「記憶抱怨」（memory complaint）的情形，影響高齡者的自信心與心理健康。

◆專注力與注意力的改變

　　高齡者認知功能的改變與神經系統的退化相關最高，「注意力」是指個體在認知過程中，會自動排除各種非相關的干擾刺激，以順利完成當下進行的任務。過程中，大腦「前額葉皮質」必須執行「過濾」的功能，才能抑制個體對非相關因素的回應，讓個體可以專注於學習或適應生活的危機（Raz & Rodrigue, 2006）。然而，由於前額葉的退化，高齡者很容易有專注力不足、容易受到外在不相關訊息的干擾，最後導致認知反應變慢、自信心不足，是長期造成高齡心理困擾的重要壓力來源。

　　專注力和注意力不足也會影響高齡者的自我控制能力，因為與年齡相關性最高的「前額葉」，主要的認知運作都屬於中央執行功能，屬於「目標導向」的認知作業。因此，專注力下降後，高齡者的自我控制能力也隨之變差（秦秀蘭，2019a）。大腦前額葉一方面是個體整體認知功能的指揮中心，負責各大腦皮質層的協調與補位；一方面執

行「過濾功能」，負責管理個體情緒意識化。透過前額葉皮質的過濾功能才能使個體排除不相關的訊息，因此，高齡者專注力不足也會影響情緒刺激的處理能力。如果再加上睡眠品質不好，大腦腦波長期處於喋喋不休、雜亂的 β 腦波，身體血清素分泌自然不足，便可能加劇前額葉的退化。為此，高齡者前額葉的養護要趁早執行。

◆高齡者情緒調適能力的改變

高齡期個體情緒調適能力的改變，包括：情緒感受度彈性降低、情緒壓力的處理能力降低。

1.情緒感受度彈性降低

高齡者的大腦在老化過程中，大腦神經細胞會逐漸失去彈性，但是個體的「情緒調適」能力卻受益於年齡，高齡者比年輕人更容易擁有生活的幸福感（Scheibe & Carstensen, 2010）。主要原因是因為高齡者面對刺激時，傾向針對積極、正向的刺激給予回應，稱為「正向效應」（positivity effect）。然而，高齡者情緒調適的正向效應是一種「認知抑制」，是高齡者為了適應生活、提高生活滿意度的一種回應機制。長期的認知抑制，可能傷害個體原有的認知功能，讓額葉無法發揮它原有的注意力維持、認知管理等功能。

高齡者情緒一旦興奮後，比較不容易回復原有的平靜狀態（Keil & Freund, 2009）。因此，高齡者的負向情緒的覺察、壓力的抒解技巧，非常重要，也可降低老年憂鬱症狀的發生。

2.情緒壓力的處理能力降低

除了大腦前額葉的過濾功能降低，高齡者與壓力處理相關的荷爾蒙分泌也明顯降低，影響高齡者的社會互動、壓力調適能力。例如，催產素（Oxytocin）除了催產、收縮子宮幫助分娩、增進母親

與嬰兒連結，也可以降低個體的防衛心態與恐懼感受，又稱為「抱抱荷爾蒙」。適度的壓力會刺激個體產生「催產素」，有利於個體利他行為，並與他人之間建立良好的互動關係（Tanga, Lua, Gengc, Steinc,Yangc & Posnerb, 2011）。因此，最近的神經生理學和醫護研究者紛紛提出「優壓力」、「多樣化情緒體驗」的概念，強調優壓力與多元情緒體驗對高齡心理健康的影響。

二、高齡期個體維持身心健康的任務

　　根據上述高齡者身心的改變與發展特質可以發現，高齡期個體一方面要克服身體的老化，一方面要適應現代化日常生活、面對新科技，需要相當多的學習與自我努力，才能活得久、活得健康、活得有尊嚴。除了長期閱讀、認知速度的訓練外，面對壓力與負向情緒的處理、身心的放鬆、身體能量的提升、規律的運動等，都是高齡期個體必須修習的課業。本小節根據筆者的閱讀、研究，臚列現代高齡者維持身心健康的任務，期待高齡者體適能教學工作者參考，並融入課程規劃與活動設計，則是高齡者之福。

(一)努力提升血液循環的效能

　　高齡期個體身體各系統的老化，以血液循環功能變差影響最為明顯；事實上，高齡期常見的疾病都與血液循環有關。因此，高齡者體適能非常強調規律運動，就是在提升血液循環的效能。對高齡者而言，能夠讓身體不用力、不耗費氧氣，最小幅度的使用ATP（Adenosine Triphosphate，腺苷三磷酸），就是所謂「氧氣賺得多、用得少，身體所需要的氧氣大於所產生的廢氣」的運動，就是最好的有氧運動（王

唯工，2007），最適合血液循環功能逐年下降的高齡者。

截至目前，我們都認為失智是因為大腦中類澱粉斑的累積，最新的研究則發現，失智可能是大腦新陳代謝功能降低所導致的（李寧怡譯，2019）。因為，類澱粉斑是大腦在新陳代謝過程中所產生的廢物，無論哪一個年齡層，都會產生類澱粉斑。如果血液循環功能好，類澱粉斑就能夠順利排到血液，隨著血液循環排出體外，不會累積在大腦中。動脈的博動是類澱粉斑是否能順利排至血液中的關鍵因素，也是造成失智的重要原因。因此高齡者健康養生、體適能鍛鍊，應該以「血液循環效能的提升」為首。

(二)滿足高齡期大腦對氧氣的高度需求

眾所周知，「缺氧」是萬病的起源，更是細胞癌化的主要原因。血液中的含氧量決定我們身體的健康狀況，細胞一旦缺氧，便會由「有氧呼吸」轉為「無氧呼吸」，引發細胞癌化的機制。保持血液流動順暢，提升血液的含氧量，是防癌的第一步。

進一步說，細胞之間的微循環障礙，是身體缺氧的原因之一，一旦人體微循環發生障礙，組織、器官就會受到一連串負面的影響，無法發揮正常功能，導致機能病變與疾病。其中，神經細胞是高度消耗氧的細胞，腦部的供血不足，就會導致頭暈、頭痛、失眠、多夢、焦慮等，長期腦循環不佳更與記憶力衰退、失智症有關（張安之、李石勇、方鴻明，2012；張安之、莊一全、曾棋南，2016）。

高齡者因血管壁僵硬、心輸出血量減少等血液循環功能低下，加上呼吸系統部分胸壁僵硬，呼吸肌肉強度減弱，非常容易出現血氧飽和度下降情形。逐漸老化、缺乏彈性的腦部細胞，更容易讓大腦處於含氧量不足的狀態。此時，放鬆、深度吐納、規律性的有氧運動，

可以協助中高齡者擁有和諧的腦波，讓大腦快速充滿氧氣。「深度呼吸」一方面可緩解身體缺氧狀態，供給腦部、身體養分，預防血栓；一方面能提升專注力，讓身體放輕鬆。

一旦腦波處於「α波」狀態，便能分泌大量血清素。然而，目前多數高齡照顧據點的體能課程，都以肢體的操練為主，極少引導長輩練習深度呼吸，非常可惜。這一次全球在對抗新冠肺炎疫情時，都大力鼓勵中高齡者練習「深度呼吸」，鍛鍊肺部功能和支氣管肌肉的彈性；也可以減少慢性咳嗽、痰多的情形。建議高齡者體能訓練課程要納入「深度呼吸」與「吐納引導」。

(三)增加大腦神經傳導物質的分泌量

高齡期腦神經系統連結效能降低、大腦硬體改變，導致多巴胺（DA）、乙醯膽鹼（Ach）、血清素（5-HT）、性荷爾蒙等神經傳導物質的分泌減少，神經訊息傳導效率變低。其中，血清素、多巴胺與乙醯膽鹼，對高齡心理與生理健康影響最大，三者之間有相互依賴的關係（Pike, 2014）。

當大腦處於 α（Alpha）波狀態，會促使血清素（又稱幸福分子）分泌，能夠幫助高齡者維持正面情緒。血清素也與身體的活力、個體創造性行為有關；血清素釋放可以讓心與身的聯繫更加緊密。多巴胺可以提升高齡者的活動力、參與動機以及成就導向；相反地，多巴胺不足會影響個人口語溝通能力。當大腦處於 β（Beta）波的狀態，神經細胞才會釋放出足夠的多巴胺。

至於乙醯膽鹼與記憶力的關係很早就受到重視，乙醯膽鹼分泌時，個體的大腦處於 γ（Gamma）波狀態，乙醯膽鹼能讓個體專注於當下，可以克服高齡者因前額葉退化所導致專注不足情形（Pike,

表2-1　人體腦波狀態與主要神經傳導物質的產生機制

任務類型	血清素	多巴胺	乙醯膽鹼
腦波狀態	α（Alpha）腦波	β（Beta）腦波	γ（Gamma）腦波
情緒狀態	放鬆	主動性、連結	專注
角色功能	促進神經細胞分裂	促進神經突觸的連結與修剪	促進認知
對身心的助益	激發身心共振感	決定記憶的形成	決定大腦的速度
主要影響層面	個人心理層次	人際互動層次	靈性層次
有效的激發因子	手眼連結 正念與身心合一 自我尊榮感	擴散性思考 抽象思考 設定目標 腎上腺素分泌	記憶背誦 擁有自信 專注於某件事物 社會互動

資料來源：修改自Pike（2014: 48-53）

2014）。近期受到重視的「高齡靈性健康」即與γ腦波與乙醯膽鹼分泌有關。對高齡者而言，靈性健康有助於成功老化、健康老化、活躍老化的目標，就是乙醯膽鹼對促進高齡者正向心理的效益。

(四)提升身體的能量場

目前已有許多研究證實所有訊息都有能量，宇宙萬物都在振動，並以自己的速度在進行著，生物體所有的細胞都有能量。能量的振動係透過「振幅」和「頻率」來展現，每一種能量振動會激發周圍更多的振動，彼此交互作用，每一種振動都攜帶著可儲存或應用的訊息。換句話說，一切生命都是由訊息和振動所構成的（毛井然、陳江全，2007；蔡孟璇譯，2004；韓沁林譯，2014）。例如，聲音也是一種能量的形式，每一個人的聲音都以不同的振幅與頻率來表現，藉此影響他人、環境，或者與他人的能量交互作用，因此，聲音也具有療癒能量。

以情緒為例，情緒不只是一種感受，而是一連串的生化物質與

大腦交互作用產生的感覺，Candace Pert博士，稱這種分子為「情緒分子」（摘自韓沁林譯，2014）。他發現人體內的化學物質，例如神經肽與它的受體都是意識的基礎，表現出來的就是我們的情緒、信念或期望。如果長時間生氣，細胞的受體會拒絕接受可能帶來快樂的振動，只接收負向或憤怒的「振動能量」，導致情緒的失調或疾病。

此外，上述高齡大腦的「雙邊半腦運用」是一種「負面的大腦可塑性」（negative plasticity），一方面會導致個體認知功能性特化的瓦解，一方面降低了個體身體能量的異側傳輸效能（摘自秦秀蘭，2014），是導致身體能量不平衡的原因之一。

(五)提升全身骨質密度

高齡期個體因肌肉骨骼椎間距離逐漸變短、骨質密度變差等，導致骨質疏鬆症。不僅身高縮減、關節疼痛，骨頭會變得脆弱且容易斷裂，非常的危險。很多高齡者在幾年之間身高縮減達3-5公分，都是骨質密度變差所引起的。

骨質疏鬆症與肌少症都可能造成高齡者跌倒後髖骨骨折，骨質疏鬆症是一種沉默的疾病，除了身高變矮、駝背等外觀變化，初期沒有其他明顯的症狀，很容易被忽略現。除了飲食上補充鈣、維生素Ｄ外，透過垂直律動，刺激間葉系幹細胞，改變幹細胞的分化途徑，增加造骨細胞，是最有效的方法（簡志龍，2013）。

(六)提升身體免疫力

隨著年紀增長，體內的免疫力會逐漸下降，所以中高齡者感冒的次數與程度也會逐漸增加。人體免疫系統是生物體內的疾病防禦

系統，分為兩大族群：先天性免疫（innate immune）和後天性免疫（adaptive immunity）。當病原體入侵時，先天性免疫成員之一「巨噬細胞」（macrophages）首先進行非專一性的吞噬作用，再將被吞噬後的病原體抗原呈現給後天性免疫細胞，讓後天性免疫細胞得以辨識抗原，進而採用最有效率的途徑來消滅病原體。

其中，T細胞（T cell）是後天性免疫細胞的一種，在免疫反應中扮演著重要的角色。T細胞在骨髓被製造出來後，在胸腺內進行「新兵訓練」（educated），成熟後便移居於周圍淋巴組織中開始站哨。兒童新生胸腺約重15-20g，至青春期可達30-40g，而成人期（約20歲）以後（如圖2-1），胸腺隨年齡增長而逐漸萎縮；胸腺的退化是個體衰老的重要生物學指標，會造成細胞免疫力下降，讓生物體容易發生感染和腫瘤（Owen, Punt, Stranford, Jones, 2013；徹底的解剖學，2021）。因此，高齡者平時除了多按摩胸腺外，也要特別保養脾臟。因為脾臟是人體最大的淋巴器官，在胚胎時期有造血功能，成人之後轉變為儲存血液的器官，可以清除老化的紅血球細胞。

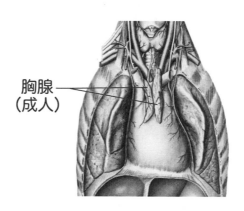

胸腺
（成人）

圖2-1　成人胸線的位置

資料來源：徹底的解剖學（2021）

(七)提升肌力與肌肉質量

「肌少症」已成為目前高齡健康照顧與預防醫學研究的顯學，除了重視飲食、蛋白質補充外，也非常重視肌少症的檢測與預防。目前肌少症的篩檢標準有多種不同的觀點與研究，普遍以低肌肉質量或低握力，加上低步行速度（gait speed）為判斷條件。其中，「手部握力」是肌少症與衰弱評估最重要的快速篩檢方法（秦秀蘭、林裕珍、蕭玉芬、莊華盈、李瑋，2018）。

手部握力與上肢肌耐力是執行日常活動的重要影響因素，也是影響高齡自主生活的關鍵。事實上，長壽者通常擁有較大的握力，握力每增加1公斤，死亡的風險減少大約3%，中醫的理論也認為「手部握力與肝經有關」。手部握力與人體的肝腎功能有顯著的相關性，握力隨著年齡增加而下降的比例，是評估血管老化的重要項目（秦秀蘭、林裕珍、蕭玉芬、莊華盈，2017）。

(八)提升身體的平衡力

「平衡力」也是高齡者體適能的項目之一，身體平衡力的展現不僅是本體感覺的協調能力，也是老年人日常生活與健康維護上的重要指標。身體平衡力與個體生活適應、術後復健息息相關，也是預測個體握力與衰老的重要指標（秦秀蘭等，2017）。維持身體平衡力，除了有好的肌耐力、內耳的平衡，身體能量的提升也非常重要。建議有關平衡力的訓練，應該列入高齡者健康促進的課程，融入老年人的日常生活或社區照顧課程中。

身體平衡力可再分為「靜態平衡力」與「動態平衡力」。靜態平衡能力是指身體靜止時的穩定能力，動態平衡能力主要在於維持人體

活動狀態下的重心與姿勢穩定（秦秀蘭等，2017）。有關靜態與動態平衡力的訓練方法將於第九章另作說明。

(九)力行規律體能鍛鍊、護端粒

端粒（telomere）是染色體的末端，也是染色體的保護箍，避免染色體降解及融合。幹細胞及生殖細胞之所以能誘發DNA修補機制，就是利用端粒酶（telomerase）來延長端粒序列。人類體細胞之端粒隨著染色體複製而逐漸變短，端粒變短就無法順利誘發DNA修補機制，導致細胞生長停滯，這是細胞老化的重要原因之一。Elizabeth Blackburn 和Elissa Epel兩位教授的研究發現，端粒的轉錄效能是可以訓練的，肢體的鍛鍊可以促進端粒轉錄，促進新陳代謝，有效對抗衰老。根據研究，高水平體育活動者的端粒要比靜坐者的端粒高出九年的生物老化優勢，要比中等活動人群的端粒高出七年的生物老化優勢（廖月娟譯，2020）。力行規律體能鍛鍊、護端粒、誘發DNA修補機制，就是真正的抗老策略。

此外，高齡期大腦在面對老化時，會自然產生「補償式老化與認知鷹架」（Scaffolding Theory of Aging and Cognition, STAC），主動塑造一個替代的神經迴路或鷹架，回應因大腦老化所引發的各種神經系統上負擔。例如，新的學習、運動提升心血管功能、全心投入心智性活動、認知訓練等，都可以協助大腦重新建立一個新的認知鷹架（Reuter-Lorenz & Park, 2010），這也是大腦的一種可塑性（洪蘭譯，2016）。

(十)學習情緒覺察與身心放鬆技巧

　　許多研究顯示，年齡越長的高齡者傾向針對積極、正向的刺激給予回應，稱為「正向效應」（positivity effect）（秦秀蘭，2012）。最近有學者以美國University of Florida「情緒和注意力研究中心」（Center for the Study of Emotion & Attention, CSEA）所開發的「國際情緒圖片系統」（The International Affective Picture System, IAPS）為工具，瞭解高齡者面對正、負向情緒的回應機制。研究顯示，高齡者情緒調適的正向效應可能有兩個不同的驅動過程：一種是高齡受試者注意力轉向於正向刺激；另一種則是將注意力從負面刺激中轉移開的自我控制機制。該研究推論，高齡者情緒專注力集中於正向刺激，是一種自動轉換機制，是一種情緒調適，以增加整體情緒幸福感（Gronchi, Righi, Pierguidi, Giovannelli, Murasecco, & Viggiano, 2018）。

　　因此，如何善用高齡者情緒調適的正向效應，提升整體幸福感，同時避免在注意力從負面刺激中轉移的過程中，形成對負向刺激的認知抑制，是高齡教育工作者的任務。筆者建議高齡照顧者或教學者，首先要引導高齡者學習覺察自己內在的情緒與壓力感，進一步學會透過吐納、適當的運動、身心的放鬆、人際交談等，抒發內在的壓力與負向情緒。一旦身心處於放鬆狀態，大腦腦波處於「α」腦波狀態，身體才能順利分泌血清素，促進神經細胞的分裂。

(十一)維持下丹田的能量與腸道健康

　　高齡養生都非常重視上、中、下丹田的鍛鍊。上丹田在印堂處，中丹田在胸中膻中穴處，下丹田則在臍下橫通腎臟之間與大小腸

的部位。其中，下丹田與人體生命活動的關係最為密切（南懷瑾，1978）。中丹田與下丹田的作用都是人體生命與呼吸系統關係最密切的地方，丹田式呼吸可以調節人體氣血，丹田式呼吸的鍛鍊可激發體內的能量（秦秀蘭、梁鈞凱、顏博文，2020），對高齡者而言格外的重要。

人體大腦與消化系統之間的攜手合作，大腦與消化系統之間的關聯性稱為「腸－腦軸線」（gut-brain axis）。視、嗅、味覺可刺激消化器官，引發飢餓感、影響腸胃的蠕動、消化酶的分泌等。同樣的，消化系統也會影響大腦，例如長期發作的腸躁症、潰瘍性等疾病，都會影響情緒、行為和日常生活。換句話說，消化器官與自律神經系統息息相關，對高齡者而言，下丹田的溫熱、鍛鍊，就是維護腸道健康的根本之道。最新的研究也認為，心臟不健康，可能源自腸道不健康，一旦養分無法輸送到末稍血管，就會影響大腦功能（李寧怡譯，2019）。換句話說，心臟、腸道、睡眠與運動環環相扣。

此外，許多研究也證實刺激腸胃蠕動，讓腸道健康，產生足夠的多巴胺，能降低老年期帕金森氏症的發生。帕金森氏症其實是兩種疾病，根據 α 突觸核蛋白的不同起源，分為「身體優先型」（body-first）與「腦優先型」（brain-first）。「腦優先型」帕金森氏症是大腦和多巴胺系統受損在前；「身體優先型」則是大腦和多巴胺系統受損之前，腸道和心臟神經系統的損害已經發生（Hurley, 2020）。因此，透過丹田呼吸或拍打丹田，維持腸道的健康，對於「身體優先型」帕金森氏症的預防特別重要。

認識帕金森氏症與腸道健康

Borghammer博士與研究團隊於2019年在*Journal of Parkinson's Disease*發表有關帕金森氏症的最新研究發現：帕金森氏症其實是兩種疾病，根據α突觸核蛋白的不同起源，可以分為「身體優先型」與「腦優先型」兩類。身體優先型（body-first）是α突觸核蛋白病理起源於腸或周圍的自主神經系統，然後擴散到大腦。腦優先型（brain-first）則是α突觸核蛋白病理最初出現在大腦中，慢慢擴散到周圍的自主神經系統。

「身體優先型」是大腦和多巴胺系統受損之前，腸道和心臟神經系統的損害已經發生。「身體優先型」帕金森氏症的前期可能相對沒有症狀，直到運動障礙出現後，患者才被診斷出患有帕金森氏症。但那時患者已經失去了一半以上的多巴胺系統，這對疾病的早期治療是重大的挑戰。

討論焦點

1. 高齡期個體在呼吸系統上有哪些改變？會導致哪些症狀或疾病？
2. 為什麼高齡期個體的體適能活動，要特別重視心臟血管系統功能的養護？
3. 高齡期個體在專注力與注意力上有什麼樣的改變？對高齡個體可能有什麼影響？
4. 高齡者血液循環功能與大腦神經功能之間的相關性為何？
5. 高齡活動設計與引導時，「個體情緒的放鬆」具有什麼樣的意義？對高齡者身心可能有什麼樣的幫助？

Chapter

3

21世紀的醫術新秀——能量醫療

一、能量醫療的定義

能量醫療（energy medicine）是一種整全（holistic）的宇宙觀，將宇宙視為是一個密不可分、具有動力性的整體；認為宇宙的每一部分在本質上都相互關聯，而且只能以一種宇宙過程模式來加以瞭解（Capra, 1982；蔡孟璇，2004）。對於氣血循環功能與身體能量逐漸降低的中高齡者，能量醫療是最根本的健康養生之道。然而，相關的研究與實務工作者對於能量醫療的定義仍有不同的看法。因此本章簡要的介紹能量醫療的精要，期待讀者進一步閱讀、探索，並融入高齡者身心健康照顧領域。

(一)能量醫療屬於「另類療法」

一般而言，有別於傳統醫療採用檢查、用藥、治療的歷程，其他治療方法都統稱為「另類療法」（alternative therapy）或另類醫學。1992年美國「國家健康局」（National Institute of Health）確實成立「另類療法部」（Office of Alternative Medicine），另類醫療已正式納入美國醫療界（摘自蔡孟璇譯，2004）。

另類療法包括多種療法，例如傅爾電針、低頻療法、順勢療法、能量轉換療法、芳香療法、花精療法、針灸、營養療法、生機飲食、酵素療法、大腸水療法（劉大元，2010）。可進一步將另類療法區分為四個類型：

1.透過手法操作或身體接觸，如按摩、整脊、針灸等。
2.生物營養補充，如草藥、益生菌、花精或健康食品類。
3.身心療法，如心靈冥想、芳療法、催眠術。
4.其他能量療法、順勢療法等。

(二)能量醫療屬於「第三類醫學」

以基礎醫學與物理學研究為基底的醫學實務工作者認為，現代醫學可區分為三個類型（毛井然、陳江全，2007）：

1. 第一類醫學稱為「病理醫學」，是指一般說的傳統醫學，先透過各種檢查，查出病源，接著打針、用藥治療。
2. 第二類醫學稱為「生理醫學」，或稱為自然療法，是指運用傳統的自然健身法，例如透過氣功、禪修、推拿等，校正體態、加速血液循環。但是很難針對疾病來源給予自我規正。
3. 第三類醫學是「無藥醫學」，也稱為「能量療法」或「能量醫療」，是運用物理能量科技設備，將能量直接輸入人體需要的器官，除了可以養生保健外，也可以治療疾病。

目前傳統醫療系統多數使用藥物、復健校正或針灸指壓等途徑來治病，其診斷方法，是採用專業分類的儀器或物理化學方法來檢查病情，通常是病情發生後才能夠檢查出病因。能量療法或能量醫療則是利用測量人體細胞能量的電位高低變化，可以提早測量即將發生病變的器官與情況，可獲得早期診斷的報告資料，兼具預防醫學的功能。能量醫療療法是透過細胞電位能量增減的情況來調節、平衡校正，以達到早期治療的效果。完整的能量醫療療法，除了選擇對的儀器之外，也需要運用對的波形、頻率、輸出功率等，利用相關能量特性對其部位施行適當的時間，才能真正根治我們所要對付的病灶。

高齡者體適能活動設計與引導實務——能量與律動共舞、高齡更健康

(三)能量醫療屬於「非侷限性醫療」

至於多數研究與實務工作者則認為，能量療法是東西方醫學的整合，甚至另稱為「非侷限性醫療」。非侷限性醫療認為所有的醫療系統本質上都涉及能量，肉體的現實不是存在於物質世界，而是在精微次元裡（韓沁林譯，2014）。

整體而言，西方醫學強調對抗療法或傳統醫療照護，是依賴經驗性科學概念來評估病因、症狀，然後以處方藥物、手術或其他方法減輕症狀。能量醫療療法，則是整體性的、同時處理身心靈三個面向，探究的是引發症狀的「病因」。治療時，不僅關心肉體的治療，也同時考量情緒、心智和靈性。治療過程中，都需要借助「能量的振動」，因此也有人主張以「振動醫療」或「律動醫療」（vibrational medicine）來泛指所有以能量振動來處理身體能量受阻滯、或不平衡狀態的醫療行為。換句話說，振動醫療或能量醫療就是刻意使用某一種頻率影響一種頻率，讓有機體再度擁有它原本的振動頻率與振幅，讓體內的能量恢復平衡。振動醫療或能量醫療都是能量治療的一種類型，以「振動」為基礎，藉此影響能量通道與能量場。

本書即以第三種概念來詮釋能量醫療：將能量醫療視為振動醫療，是一種整全的健康養生概念、整全的醫療方法。能量醫療是宇宙與人體能量場的運用，並以能量的振動為基礎；所處理的是身體的精微能量、微細能量系統。

二、能量醫療的內容

能量或振動醫療都相信人類自體先天擁有自我療癒能力，所有的疾病都是因為能量不暢通、不平衡所導致的；能暢通自己的能量，

就能擁有高層次的健康幸福。當個體面臨疾病時，只要擁有足夠的氧氣、水分、食物、營養，協助體內形成適當的能量振幅與頻率，人體就可以自然痊癒（毛井然、陳江全，2007；林惠瑟譯，2005；蔡孟璇譯，2004；韓沁林譯，2014）。

知名的俄羅斯Georges Lakhovsky（1969-1942）博士很早就表示：「生命是所有細胞的動力平衡，多種輻射的協調、互動。各類複合波動儀器主要是藉由短波無線電電路或短波振動產生的電磁波，中和已受干擾的輻射線，讓生病的細胞，也就是振動異常的細胞能恢復正常。」（摘自韓沁林譯，2014：111）。例如，目前常見的能量醫療的診斷與醫療，通常是透過體外末梢神經定位，透過尖端放電診斷病情，再透過運動器官細胞電位平衡，治療患者的疾病。

王唯工（2007）的「氣血共振」理論，也提到「共振」是血液循環的原動力，「經絡」是動脈、器官和穴道的彈簧共振網。血液從心臟打出後所產生的第一個振動諧波在肝經，頻率最低，但臟器的能量最高。進行到肝之後產生第二諧波在腎經，頻率增加；依序振動的經脈與諧波為：脾經、肺經、胃經、膽經、膀胱經、大腸經等（如圖3-1）。可見，人體每一個器官或組織都有它自己最適當的振動頻率與振幅。

有關能量醫療分類，通常也是根據所使用的媒介來分類，例如：針灸、艾灸、電針皮膚穴位檢測、拔罐、靈性彩油治療（Aura-Soma Therapy）、阿育吠陀、脈輪系統、傳統中醫、順勢療法、肌動學（Kinesiology）、磁與經絡理療按摩、印度的手印療癒、氣功等極性療法、射電電子學、區域反射療法、聲音治療等。因此，在西方醫學的觀念，傳統中醫也被歸類為能量醫療（毛井然、陳江全，2007；林惠瑟譯，2005；蔡孟璇譯，2004；韓沁林譯，2014）。

筆者綜合多位學者的分類，介紹常見並較常被使用的幾種能量醫

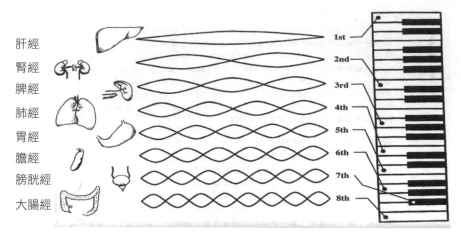

肝經
腎經
脾經
肺經
胃經
膽經
膀胱經
大腸經

1st
2nd
3rd
4th
5th
6th
7th
8th

圖3-1　身體各器官的共振頻率

資料來源：王唯工（2007）

療的療癒系統。其中，「傳統中醫」因為有使用口服或外用藥物治療者，應屬於「外丹」[1]的使用，因此不列入。

(一)卡巴拉系統

古老的智慧卡巴拉（Kabbalah）是「宇宙學」（Cosmology）的系統知識體系，Kabbalah是建立在各種象徵，以及象徵和各種事物之間的關係，從宇宙形成的抽象概念，到具體的物理世界，以及這些系統彼此連結所形成的氣場。Kabbalah強調宇宙中每一個小系統都是彼此相關、緊密連結的。每一個小系統有任何的變化，都會影響到整個大宇宙。其觀念和「複雜理論」、「量子力學」等概念不謀而合。目前坊間流行的「塔羅牌」就是Kabbalah知識的應用，但是侷限性的應用

---

[1] 過去以服食金丹來養生或求長生不老之術稱為「外丹」術，至於透過呼吸和意念來引導氣血，以「氣」為核心的練氣、養生，便是所謂的內丹術（李似珍，2006）。

和商業化、玄學化的結果，卻讓大眾看不到Kabbalah宇宙學的系統和知識體系的精髓，非常可惜。

　　Kabbalah以「生命之樹」（tree of life）的原型為核心（如圖3-2），每一個生命之樹至少包括十個生命元素，並分為地、水、火、風四個層次。每一個生命元素之間彼此相關，相互影響，共同形成一個整體。形成生命之樹的內涵可以無限的延伸，可完整呈現宇宙學的系統知識體系。因此，Kabbalah可視為目前「整全」身心靈發展概念的先驅。

　　Kabbalah自我療癒概念根據人體的生理和能量結構，以生命之樹來呈現人體的能量體系，由下而上將個體的能量分為：肢體動作（action）、情緒（emotion）、智能（intellect）等三種層次，整體的展現則是個體的「心靈」（spirit），和目前整全的身心靈自我療癒、另類醫療的概念不謀而合（秦秀蘭，2014；韓沁林譯，2014）。

(二)經絡系統

　　越來越多的研究都證實，經絡是光或能量的通道，因此，經絡系統可說是整體振動醫療或能量醫療的核心。包括：極向整合治療（Polarity Therapy）、針灸、磁能治療、電針皮膚穴位檢測、氣功等，都是建基在經絡系統上的醫療手法；目前越來越受到重視的「肌動學」檢測，也與經絡系統相互為用（毛井然、陳江全，2007；韓沁林譯，2014）。

　　目前肌動學的檢測範圍越來越廣，除了生物力學、神經學的功能，也包括姿勢、步伐的分析，檢測範圍已包括整個神經系統、血管和淋巴系統、營養、體液功能和環境因素等。肌動學的科學檢測間接地擴展經絡理療的範疇、療效；也是許多能量醫療工作者運用聲、

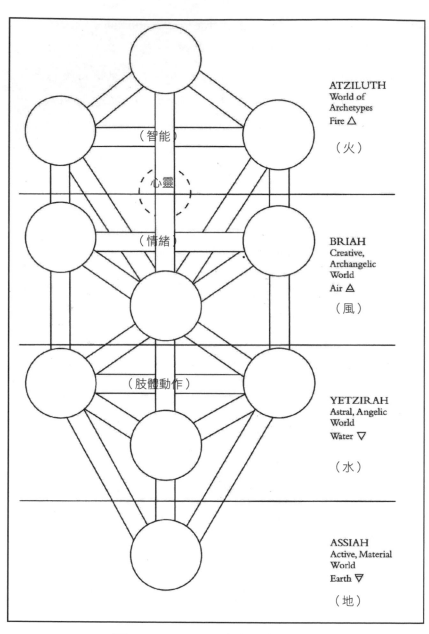

圖3-2 Kabbalah生命之樹的原型

資料來源：摘自秦秀蘭（2014）

光、電流刺激來引導能量的依據與主要的能量通道。本書將於第五章，針對經絡系統做較完整的整理和介紹。

(三)順勢療法

「順勢療法」（Homeopathy）又稱「同質療法」，是德國Samuel Hahnemann醫生所創發的，是一種以振動與能量為主的醫學系統，主張振動與能量都屬於「振動類的藥物」（vibrational medicine）。順勢療法認為，當一種物質可以讓健康的人產生某些症狀時，就能用該物質來治療生病的人，亦即「以同治同」的概念（韓沁林譯，2014：357）

Gerber醫生（2001）在*A Practical Guide To Vibrational Medicine: Energy Healing And Spiritual Transformation*書中，即曾描繪人體的振波頻率。他認為身體健康者的身體振波頻率約為每秒300次循環。當人體生病時，振波頻率可能升至每秒350次循環，甚至更快，藉此來刺激白血球的產生，與身體的免疫反應相同，是有機體自然的自我保護機制。此時，必須用每秒350次振波頻率的藥物來加強身體的療癒機制，這就是順勢療法處方的原理。因此，生病時，身體發燒或某些症狀，其實是好的身體反應。Gerber醫生認為，目前多數的醫療領域常用的經絡治療、電針皮膚穴位治療，以及多種輔助療法透過念力讓禱告進入水中、改變水的結構等，都是順勢療法的應用。

(四)脈輪系統

在印度教系統中，脈輪是一個非常完整古老、流傳已久，且受到高度尊重的能量系統。認為脈輪是人體系統的關鍵，也是能量核心或

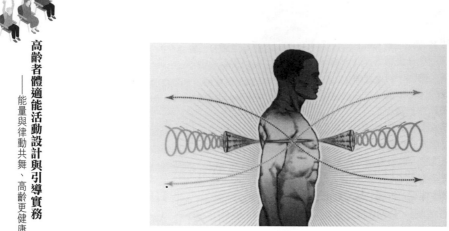

圖3-3　脈輪像一顆圓錐的漩渦，分別朝身體的正面與背面射出去

資料來源：韓沁林譯（2014：240）

能量器官。主張脈輪負責協調物理能量與精微能量，兩種能量可以相互轉換。我們經常可以看到的脈輪是像一顆圓錐的漩渦，分別朝身體的正面與背面射出去（如**圖3-3**）。脈輪像一股具有自旋能量的漩渦，也像鬆散連結的一段段振動波帶，可以把訊息送入體內或送出體外。因此，這些漩渦合起來可以掌管我們的意識、無意識、心靈、感官的能量以及肉體的自我。

目前較多人使用的脈輪系統是西方對脈輪的觀點，是由Arthur Avalon一脈相傳下來的脈輪體系。主張全身共有七個脈輪，並且把脈輪稱為身體的「蓮花」（lotus或padma），認為脈輪是精微能量（也稱輕微能量）的核心，而非物質中樞，脈就是精微能量的通道系統；這就是常聽到的「拙火瑜伽系統」或「譚崔瑜伽系統」的觀點。

這個脈輪系統主張人體有七個脈輪，位置依序從尾椎骨沿著脊柱上升到頭頂，依序為：海底輪、生殖輪、臍輪、心輪、喉輪、眉心輪、頂輪（如**圖3-4**）。每一個脈輪都有一個專屬於它的意識層次、主題、顏色、元素、聲音、不同花瓣數量的蓮花，與人體的生理、情緒、心智、

　　　　　　　　　　　── 頂輪：超越時空

　　　　　　　　　　　── 眉心輪：最高元素

　　　　　　　　　　　── 喉輪：空（乙太）

　　　　　　　　　　　── 心輪：風
　　　　　　　　　　　── 臍輪：火

　　　　　　　　　　　── 生殖輪：水

　　　　　　　　　　　── 海底輪：土

圖3-4　印度脈輪系統與其相對應的元素

資料來源：韓沁林譯（2014：252）

精神層面產生互動。因此脈輪系統的能量治療也經常使用水晶、寶石等媒材，利用水晶或寶石的能量來改變脈輪的波動與旋轉。七個脈輪的主要位置、主要功能、顏色、代表的元素簡單整理如**表3-1**。

(五)靈性彩油治療

　　靈性彩油分析（Aura-Soma Therapy）由英國Vicky Wall在1984年發展出來的，是一種結合顏色、植物和水晶能量的治療法。透過色彩與身體能量的互動，使身、心、靈恢復平衡與協調。靈性彩油治療也經常與脈輪系統相互為用，是印度與西藏等地常用的能量療法。也有很多人結合靈性彩油與Kabbalah自我療癒，作為一種心靈輔療的工具（台灣靈性彩油諮詢網）。

表3-1 印度七個脈輪的位置與代表

名稱	名稱意義	主要功能	主要位置	顏色	代表元素
海底輪	支撐與根基	安全感	體內脊柱底，介於肛門與生殖器官之間	紅色	土
生殖輪	自我的所在	甜美	下腹部，介於肚臍和生殖器官之間	橘色	水
臍輪	寶石之城	充滿光澤的寶石	肚臍與胸骨底端之間	黃色	火
心輪	心蓮	愛與關懷	胸部中央	綠色	風
喉輪	純淨	溝通與自我表達	喉嚨的位置	藍色	乙太
眉心輪	命令	認知與自我實現	眉毛之上、眉毛之間	紫色或靛藍色	光
頂輪	空無	靈性	頭頂或頭頂上方	白色或金色	無相關的粗頓元素

資料來源：修改自韓沁林譯（2014）

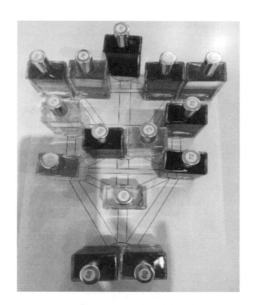

圖3-5 靈性彩油與Kabbalah自我療癒系統的結合

資料來源：台灣靈性彩油諮詢網

靈性彩油治療系統中主要的彩油與其相對應的身心靈特質如下：

- 橙色：獨立／依賴；震驚和創傷；洞見和賜福。

- 金色：智慧和強烈的恐懼。

- 黃色：獲得的知識。

- 橄欖色：清澈和智慧。

- 綠色：空間；追尋真理。

- 藍綠色：溝通；與大眾傳播或創造有關。

- 藍色：平靜與溝通。

- 寶藍色：瞭解人生在世的目的。

- 紫羅蘭色：靈性、療癒、服務。

- 洋紅色：對細微事物的愛。

- 粉紅色：無條件的愛和照顧。

- 澄白色：痛苦和對痛苦的體認。

(六)情緒釋放技巧

情緒釋放技巧（Emotional Freedom Technique, EFT）是一種非常簡單的指壓按摩手法，最常用來緩解疼痛、疾病和情緒問題。「情緒釋放技巧」是美國心理諮商Gary Craig博士在1995年所研發的，Gary Craig博士認為，人體所有的情緒障礙都起源於身體能量的紊亂，所有的負向情緒都會擾亂我們的能量場；沒有妥善處理或解決的負向情緒，是導致身體疼痛的主要原因。因此，EFT透過拍打身體的能量點（即穴位點），協助身體回到原來的振幅與頻率，舒緩身體的疼痛。

目前Gary Craig博士已將情緒釋放技巧進一步發展為「Gold Standard EFT」的技巧，可作為單獨能量療法，也可作為嚴重情緒障礙者的輔助療法（韓沁林譯，2014）。近幾年來，他的學生Robert Smith

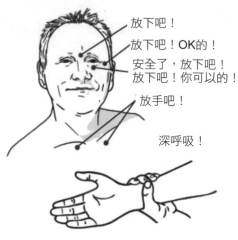

圖3-6　FasterEFT的拍打位置

資料來源：FasterEFT.ORG (2021)

融入大腦神經程式語言學（Neuro-Linguistic Programming, NLP）的技巧，延伸發展出Faster EFT的療癒技巧（FasterEFT.ORG, 2021）。主要拍打的位置是與個體情緒處理有關的上丹田、瞳子髎、承泣、俞府等穴，以及緩解焦慮的神門穴位置（如**圖3-6**）。可見情緒釋放技巧對身體能量的觀點與療癒手法，完全源自於中國傳統的經絡系統。

(七)極向整合療法

「極向整合療法」（Polarity Therapy）也稱為「極性整合治療」，是以身體碰觸為主的治療過程，目的是平衡身體內的能量流動。極性整合療法也假設人體內部與大自然都有源源不絕、順暢的能量流動與平衡的能量場；極性整合治療認為人體有幾種不同的能量流動（林惠瑟譯，2005；韓林沁譯，2014）：

1.長線條的能量流,由北至南流動。

2.橫向的能量流,由東至西流動。

3.旋渦的流動,從肚臍向外擴散。

身體能量的流動一旦受阻,就會有不同的生理或心理表徵,治療方法則是利用人體的能量場、心智、情緒和生理的電磁模式,解開阻塞的能量;事實上,極性整合療法結合了經絡、五行、脈輪、色彩與聲音等多種療癒系統。極性整合療法認為,我們的右手通常是正面或是給予能量的手,左手是負面或接受能量的手;能量流動會從我們的「正極-給予」的右手,到「負極-接受」的左手;兩手分別按住不同的位置,即可以讓能量在兩個位置之間順暢流動,可以緩解因為能量不平衡所造成的局部疼痛(林惠瑟譯,2005)。

極性整合療法認為,元素的能量流經我們的手指和腳趾,每一個手指與腳趾都帶有不同的元素與能量:

1.大拇指與大腳趾的能量是乙太。

2.食指、第二腳趾是帶負極(接收)能量的風。

3.中指、第三腳趾是帶正極(給予)能量的火。

4.無名指、第四腳趾是帶負極(接收)能量的水。

5.小拇指、小腳趾是帶正極(給予)能量的土。

因此,極性整合療法有很多簡單的手法,2-3分鐘就可以消除身體糾結、不順暢或不平衡的能量。例如,趴在地上,雙腳輪流交互踢,可以平衡水元素;身體上下彈跳可以平衡土元素,因為能量會向下流動,經由雙腳進入土中。這些簡單的技巧目前也經常被使用在心理治療領域,作為抒壓的引導手法。相關訊息可以參考網站資料「極向整合治療資訊網」。

(八)聲音治療

聲音治療是大家比較熟悉的一種輔助療法,主要是透過聲音產生平和與療癒效果。聲音可以帶來一種振動,影響人體器官、細胞的能量流動。至於產生聲音音波與傳遞的媒介則非常多元,空氣、水、光線、水晶、銅器等,都可以造成聲波能量的流動,因此,「聲場」(或聲波)是人體重要的「確定場」。

聲音的頻率一般會以赫茲(Hz)表示,指每秒鐘週期性振動的次數。音樂與聲音對人體最重要的影響方式是改變「大腦腦波」的狀態,「腦波」就是大腦產生的律動,只要讓大腦平靜下來就可以感覺這種能量。大腦會對特定的聲音產生反應,這取決於音高、節奏或其他因素。不同頻率的聲音可以讓大腦進入不同的腦波狀態。大腦有五種基本的波(韓沁林譯,2014;Lee, 2008)(如表3-2):

表3-2　人類腦波的類型

腦波的種類	波的頻率	日常生活中的動作舉隅
δ(Delta)波	2-3.9 Hz	無意識的狀態、深度睡眠狀態的腦波
θ(Theta)波	4-7.9 Hz	深度靜坐、睡眠中、內觀和另類意識狀態的腦波
α(Alpha)波	8-12.9 Hz	身體放鬆狀態、做夢和淺層冥想狀態的腦波
β(Beta)波	13-30 Hz	正常清醒狀態、一般性日常活動的腦波
γ(Gamma)波	30 Hz以上	興奮、情緒激昂的狀態

所有有機體都以最理想的頻率發揮功能,也擁有自己的聲音,即使是病毒也不例外。當個體處於最佳健康狀態時,他的「音調」會呈現內部的和諧性,同時也能與外界的聲音融合。但是,具有「侵犯性的」聲音或頻率會擾亂身體自然的頻率或振動,影響身體或某些身體部位的健康狀態;如果無法讓這些「走調」的頻率轉變為符合個人的

頻率,那麼這些「侵犯性的」的頻率就會「接管」身體,導致身心不適或疾病。國際頌缽大師Hans de Back擅於以聲音治療,全球各宗教道場經常舉行的「梵唄」(又稱為贊唄),都是一種聲音治療。

聲音治療也經常被使用在脈輪系統、靈性彩油系統或極向整合系統。傳統印度音樂的「薩普塔卡」(saptak)將音樂分為七個音符,並結合脈輪作為療癒手法。認為低頻率的聲音會釋放能量,高頻率的聲音則會吸收能量(韓沁林譯,2014:141)。七個音符的療癒意義如下:

1. Do:396赫茲,釋放罪惡及恐懼。
2. Re:417赫茲,解除狀況並促進改變。
3. Mi:528赫茲,轉變、奇蹟(如DNA修復)。
4. Fa:639赫茲,連結及關係。
5. Sol:741赫茲,喚醒直覺。
6. La:852赫茲,恢復秩序。

三、能量醫療的能量引導媒介

西方醫學與東方醫學相互抗衡,一直到最近所謂「整合醫療」才將東方與西方的醫療加以整合。東方、西方及整合醫療都是維繫生命的重要治療方法,目前多數人無法相信能量療法的完整概念,是因為很多的能量是無法測得的。這些我們目前還無法測量的能量就是所謂的「精微能量」(也稱微細能量),包括一些能量過高或過低的振動頻率。

上述提及,能量醫療也稱「振動醫學」,就是刻意使用某一種頻率影響另一種頻率,讓有機體恢復平衡。能量醫療主要是運用信息、振動,或兩者並用,造成細胞與器官的改變;因此,有人認為能量醫療就是科技與醫學的結合。無論是一般能量或精微能量,為了讓體

內的能量順利、流暢、重新達到平衡狀態，需要使用不同的工具與媒介，引導能量回到該器官或組織自己的振幅與頻率。例如，利用聲、光、電流來刺激補足或引導能量，是目前醫療院所最常見的能量引導媒介。

認識表觀基因

人體能量的研究，已成為生物科技的顯學。目前遺傳學甚至發現有一種「表觀基因」（epigenomes），可以解釋環境能量場對個人生長的影響。表觀基因位於DNA雙螺旋樓梯旁，含有某種化學，它們會對環境訊息產生反應，並觸發DNA的複製分裂過程。此正可以解釋人類代代遺傳的某種集體意識或情感，以研究表觀基因為主的系統則稱為「表觀遺傳學」（epigenetics）。

表觀遺傳學認為，表觀基因對個體而言不是靜態不變的，而是可以被環境因素動態更改的，是目前癌症研究的熱門話題之一（Bernstein, Meissner & Lander, 2007）。此與近年來第三波治療（The Third Wave Therapy）強調外在環境對個體內在生理發展與成長的影響（Rosal, 2018），完全相符。

以下針對較常使用的能量引導媒介簡要說明：

(一)利用聲、光、電流刺激引導能量

能量醫療是利用人體內能量的調節，給予校正、配合，運用的是自然規律，著重疏導器官的循環系統，並針對基因細胞體存放生物電的能量給予補正。因此，聲、光、電流刺激類的能量引導工具、儀器或媒介，在能量醫療領域裡扮演非常重要的角色。能量醫療因為使用的媒材不同，可再細分為熱能醫療、光能醫療、聲能醫療、磁能醫療、生物電能平衡醫療、聲光電複能醫療等（毛井然、陳江全，2007）。

例如，大家最熟悉的「超音波」類的理療工具，都是透過超音波在不同介質的生理組織內，產生不同的振幅變化。超音波屬於機械作用，其振動類似按摩，稱為「微量按摩」。毛井然和陳江全以中華醫院、中國醫藥學院、環球診所三個醫療機構針對75名帕金森氏症患者進行的穴位電位診療的例子來說明，該研究使用VGH-82A能量醫療設備進行前後測，研究發現，患者在治療前，75位患者的手指四個穴位都出現「降差數值」。這說明了部分神經電位已經失去原有的能量標準數值，發生嚴重的不平衡情形，因而造成神經系統的失調。經過三個月的診療後，有71%的患者在四個穴位上都達到平均的正常電位，明顯呈現治癒療效。

(二)利用經絡系統引導能量

　　能量醫療從「整體論」的觀點出發，主張人體是一個包含著無數通道的能量系統，通道就像能量或光的河流一樣遍布全身。這些通道可以讓實體的宇宙與我們體內的能量振動、與有生命的組織產生連結。能量醫療以多個能量系統來詮釋人體的能量通道，例如：經絡、氣輪、氣場、凱爾特網、基礎網絡、五行、三焦、奇經八脈等。不同的能量系統有自己的能量觀點、引導方式，形成能量醫療目前多樣化的內容。

　　自古以來中醫就把人體的穴位當成靈丹妙藥，在健康時候就要留意不能讓身心失去平衡，才是養生之道，正所謂「上醫者治未病」。中國人所稱的「氣」是人體能量的一部分，氣功鍛鍊的目的是利用人體各種動作，引導自然的磁場來調節身體循環，消除體內磁力不平衡所造成的障礙，確實可以達到強身健體的目的。

　　中醫的理論認為：經絡、穴道、臟器形成一個共振網，心臟的

振動是所有臟器能量的源頭（王唯工，2009）；能量醫療也認為經絡就是能量的通道，是光的路徑（毛井然、陳江全，2007；韓沁林譯，2014）。兩者的概念看似有所差異，其實完全相容；能量醫療與傳統中醫都主張透過身體能量的平衡，激活身體的自癒能力，就能擁有健康與活力。傳統的氣功養生，也是利用人體各種動作，引導自然的磁場來調節身體的循環，消除體內磁力不平衡或阻礙的狀況，達到強身的目的。其中我們最熟悉的是「十二經絡」系統，將另章介紹。

(三)利用身體的擺動引導能量

利用肢體與四肢的擺動引導能量，是最自然的能量引導方法，是每個人與生俱來的能量醫療手法，也是自古以來重要的自然療法。在薩滿教認為「巫者」即「舞者」，透過舞蹈、身體擺動，是巫師治病的主要手法。當身體能量阻滯或不平衡時，利用身體不同振幅與頻率的擺動，就能夠讓能量回到身體原有的振幅與頻率（Lee, 2008）。

西醫認為人體的神經末梢非常敏感，透過手腳末梢神經的擺動，刺激會隨著神經傳送到身體的其他部位。經絡學也認為，四肢末端是經絡的末端，十二條經脈上的大穴、要穴也全部集中於四肢，因此，四肢是與臟腑息息相關。武國忠（2009）曾經把身體的臟腑比喻為一頭牛，人的經絡就像栓住這牛鼻子的繩索，而繩索的另一端則繫在人的四肢上。《黃帝內經》也說：「四肢者，諸陽之本也。」刺激經絡的末端就是激發人體身上的陽氣。

例如，很多人受益的香功、甩手功、外丹功、顫掌功等，都是透過身體末梢的擺動，啟動身體的能量場、讓身體的器官能夠回到它該有的振動振幅與頻率；武國忠醫師（2009）也大力推廣「抖十指」的養生健康操。手指到手臂充分放鬆，從右手開始，拇指和食指捏住左

手大拇指指尖進行抖動，使整個手臂完全放鬆、抖動起來；從拇指到小指，每一個指頭，依序提起、捏住，各抖動81下。透過十個手指與手臂的充分抖動，來啟動手上的經絡，調和五臟六腑。

本次介紹的能量律動健康操就是主動引發身體的擺動，讓身體的能量能順暢地流動，達到平衡狀態。詳細內容將另章說明。

(四)利用人體正負極引導能量

隨著能量學與能量醫療的研究，越來越多的心理治療工作者、醫護領域工作者，轉而探索能量與身心靈健康的關係。意識能量學David Hawkins博士，在*Power vs. Force: The Hidden Determinants os Human Behavior*書中，讚嘆人類的心靈能量。他表示，長期的助人工作過程，讓他有一種強烈的挫折感。當他開始鑽研能量學、肌肉動力學之後，發現能量學、肌肉動力學擁有無限的潛力，才是能根本解釋疾病的原因，能瞭解人類心靈的困擾和痛苦（蔡孟璇譯，2012）。

人類很早就知道「雙手」是最自然、最重要、最基本的療癒工具，是喚醒我們內在治療師的關鍵，能量醫療領域有多種徒手療癒的手法。「仁神術療癒師」Wayne Hackett 所寫的*The Touch of Healing*曾經介紹了人體的二十六個安全能量鎖（SEL），認為身體有六個地方可以平衡人體的六個層次，且對應了六種生命的「失衡」。只要運用我們的雙手，就可導引身體失衡的能量，讓身體的能量回復平衡狀態（詹采妮譯，2015）。

另類療法Jill Henry博士積極推動的「極向整合治療」（或稱極性整合治療）是一種自我療癒技巧，也是能量療法的運用。極向整合治療鼓勵我們用自己的雙手來自我療癒。我們的右手是正面或是給予的手，左手是負面或接受的手；能量流動從我們的「正極－給予」的

右手，到「負極－接受」的左手。所以，將雙手放在身體相對應的地方，例如前後、兩側或頭頂、腳底，就會建立起正負兩極之間的能量流（林惠瑟譯，2005）。

　　例如，如果有慢性肩膀緊繃，可以將左手放在肩膀上，右手放在小腹上，放鬆身體讓能量緩緩從小腹流至肩膀。如果有頭疼的問題，就是頭部的能量受到阻礙，這個時候就將右手放在前額，左手放在小腹上，放鬆身體，讓身體的能量流動，就可以緩解頭疼。

「骨質疏鬆症」的極向整合療法

「極向整合療法」認為身體有五個元素：乙太、風、火、水、土。每一個元素都有相對應的主要疾病，例如，骨質疏鬆症就是「土元素」的能量不平衡，極向整合療法認為，透過身體的上下彈跳可以平衡「土元素」。練習時站立，兩腳分開，兩手放大腿旁，手臂伸直。膝蓋微微彎曲，讓身體慢慢地以律動方式彈跳，可以前後或左右擺動身體；緩慢地感覺能量向下流，經由雙腳，植入腳下的土中（林惠瑟譯，2005：228）。此與本書「全身律動」（whole body vibration）的動作（p.139），完全相同。

討論焦點

1.在人類腦波的類型中，您對哪一種腦波的認識最多？為什麼？

2.聲波是人體一種非常重要的能量場，對人的影響也很大。你個人喜歡什麼樣的聲波或聲音能量場？為什麼有這樣的經歷或體會？

3.人類的雙手是最自然、最重要的療癒工具，你個人有過這樣的經驗嗎？

4.本章所介紹的多種能量醫療內容，你印象最深刻的是哪一種？那是一次什麼樣的療癒經驗呢？

Chapter 4

能量與人體能量場

　　宇宙萬物都會振動，而每一個振動體都能傳達訊息，或影響彼此的信息。能量與健康的關係已逐漸受到重視，也將改變人類對待自我、對待他人與環境的心念與態度。

一、能量與能量場

(一)能量

　　能量不是新觀念，從小我們就知道食物蘊涵各種能量，大自然物體也擁有各種能量，宇宙中的能量無所不在，只是透過不同的型態展現出來，如太陽能、光能、水能、風能等。人體本身也是一個能量綜合體，例如，身體的動作就是一種機械能，是運動細胞的動作；能說話就有聲能，是語言細胞的運作；能看見景物就是光能，是視覺細胞的運作。其他如熱能、磁能、生物電能等，都是人體本身的生物能。

　　宇宙萬物都會振動，而每一個振動體都能傳達或影響信息，呈現的方式就是能量。能量最基本的結構是「粒子」與「波」。「粒子理論」主張一切事物都是由不停在活動的微小粒子所組成的。粒子不斷地在固體、液體、氣體中流動著，其方向、速度也在不停地改變。粒子只有藉著「轉化能量」才能與其他的物體相互作用。「波」則是粒子的對應物，當粒子處於「波」的模式時，會產生一種規律的運動方式，在兩個點之間搖擺或振動；這些振動（vibration）會造成能量場，並帶動隨之而起的各種能量場（bio-energy）（毛井然、陳江全，2007）。換句話說，粒子以波的形式進行規律的振動，才能讓能量在粒子之間傳遞，振動則是能量傳遞的原動力。

　　因此我們可以將能量界定為「振動的訊息」，所有物質都有粒子的振動，也都具有能量，任何病原、處方藥，甚至情緒都是一種

能量。每一種能量都是一種帶電的振動，任何有機體本身都帶著電磁場，並藉此與環境場中的其他物質互動。也許我們的感官無法感受到，但能量確實存在人體，人體是由無數個能量系統組成的複雜體系。疾病的產生是因為能量阻滯、能量失衡所導致的；身體能量一旦取得平衡，就能重建或恢復健康（毛井然、陳江全，2007；蔡孟璇譯，2004；韓沁林譯，2014）。

(二)能量場

所謂的「能量場」是在某個區域範圍內，有一股力量能夠影響其中的每一個點。能量場內所有的能量都包括：振動的能量，能傳送信息等；能量場與能量一樣，可以在實體和精微層面運作。大家熟悉的能量場如宇宙中的地球磁波、太陽波、聲波、舒曼波等都屬於自然場；地脈、哈特曼方格（The Hartmann Grid）、班克立方體（The Benker Grid）、黑線（Black Lines）等，則屬於「自然精微場」。

二、人體的能量場

對於人體能量場的看法，有很多種分類，可簡單的將人體能量場分為「確定的能量場」與「推定的能量場」兩類。

(一)確定的能量場

人體確定的能量場是指創造與延續生命場，主要是「電磁波譜」與「聲場」（或稱聲音、聲波）兩大類。例如，心臟是體循環系統的中心，負責處理75兆以上的細胞；也是身體的電磁中心，心臟的電磁

場能量比頭腦高出5,000倍，電場能量也是頭腦的60倍以上（摘自韓沁林譯，2014）。至於聲音所產生的能量場很早就被證實，也是大家比較熟知的生命能量場的一種。一般研究都認為，低頻率的聲音會消耗能量，高頻率的聲音會吸收能量；也有研究認為，聲音不只是影響身體，還會影響到DNA的作用。

　　人體的氣血循環則是一個複雜、又井然有序的能量大網，這個氣血共振網「以基因為經、以經絡為緯」，在這網子內所運送的是「血」，而推動血液前進的則是「氣」。這個氣行血的運行，就像交流電一樣，電壓推動電流；電壓在血液循環中為「血壓」，而電流在血液循環中為「血流」；心臟打強烈的血流，就像發電機產生電流一樣。此外，人體血液循環還有一個按「頻率」分配血壓能量的功能，不同頻率的血壓波與不同器官及經絡共振，就可更有效地將壓力波能量送到相對應的器官。一般氣功所說的練氣的感覺都是神經系統創造出來的，所謂的「氣」的感覺則是神經系統細胞在缺血或供血充足時，所產生的必然反應（王唯工，2010a）。

　　從能量的概念來看，所謂健康是「有機體於特定時間內發揮功能的情況。當一個有機體和它的構成要素（細胞和器官）處在最佳的能量振動」；反之，當振動情況不佳，這個有機體的功能就會面臨挑戰。亦即，健康來自於「共振」（resonance）。共振是指某個物體與另一個物體有相同的頻率，使該物體產生了適當的振動。外界的振動或能量也會影響所有的有機體，因此，當我們接觸到有害的振動或能量時，體內的振動或能量就會受到干擾或受損，變得不健康，引起失調（dissonance），健康開始惡化。

(二)推定的能量場

　　推定的能量場是指人體的生物場（biofield）或精微能量場（subtle field），目前已被發現、可測量的能量場主要有：人體能量場（以靈光為主）、型態場（心智類）、地磁場、宇宙光場（或稱零點場）、精微的電子場（L場）和思維場（T場）（韓沁林譯，2014：106）。人體內的電流靠特定的離子維持，例如鈉、鉀、鈣和鎂。這些基本物質的失衡便可能導致疾病，或者因疾病而導致離子失衡，造成身體外圍各種磁場和靈光場形狀的改變。因此，有些「靈光解讀者」利用超覺能力，就能看出人體內的問題，甚至利用靈光場來療癒身體，就是身體能量場的應用。

　　人體能量場的研究者進一步認為，人體有多個特殊的生物場，分別管理各種心智、情緒、精神或生理功能；東方人常說的「精充、氣壯、神明」就是不同能量場的不同展現。目前各種另類療法、輔助療法都是與能量場有關的應用。不同的研究學派，對人體的能量場有不同的分類，本處只介紹人體八個層次的特殊生物場（韓沁林譯，2014；蔡孟璇譯，2004）：

1. 物理場：人體物理場的頻率最低，負責管理人體的生理機能。
2. 乙太場：乙太場緊緊地包圍人的身體結構，乙太場就像一張人體身心結構的藍圖。即使靈魂，也有它自己的乙太場。
3. 情緒場：情緒場負責管理人體的情緒狀態。
4. 心智場：心智場負責處理人體的各種想法、思想和信仰。
5. 星光場：星光場是人類肉體和心靈領域的叉點，不受時空限制。
6. 乙太模板：乙太模板只存在於心靈層次，保留了有機體存有的

最高理想。

7.天體場：天體場能接觸到宇宙的能量，也是乙太場的模板。

8.因果場：因果場負責引領較低層次的存有。

至於包圍在人體四周的「靈光圈」（或稱靈光場）則是大家較熟悉的一種能量場，靈光圈和上述的乙太場一樣，包含了多種不同波段的能量；能夠透過不同頻率、振幅的能量波動，協助人體與外界連結。

三、人體能量的供給機制

(一)人體能量的產生

身體所有的能量都從「粒線體」（Mitochondria）開始，粒線體為我們細胞製造物質的能量。每個細胞都像一個電池一樣，外圍帶有正電、內部帶有負電，所以每個細胞都有自己的電活動與磁場，可以儲電也可以放電。人體每個細胞大約有300-400個粒線體，大約占細胞總重量的10-20%，保守估計，每個人的體內約有10,000兆個粒線體同時在產生能量，每一次呼吸、每一口食物的消化、每一塊肌肉的動作，都牽涉到電能的流動（徐曉珮譯，2016；廖月娟譯，2020）。

當一個人從休息狀態突然開始劇烈運動時，身體所需的能量可能瞬間增加20-30倍以上。為了維持內部的平衡，讓運動繼續進行，必須靠循環系統、呼吸器官、神經系統的完美配合，才能提供肌肉必要的服務。包括：來自無氧呼吸與有氧呼吸的能源、輸送氧氣的能力、神經協調性、肌力、關節活動度或柔軟性，以及動機與戰術等心理因素。這些都是決定能量輸出率大小的主要因素。

活動時肌肉收縮所需的能量以ATP（腺嘌呤核苷三磷酸，也稱為腺苷三磷酸）為主，ATP是細胞中最重要的能量攜帶者，所含的能量較容易釋出，可直接供應給細胞能量。ATP是生物細胞暫時儲存與提供能量的分子，也稱為細胞內的「能量貨幣」。ATP一方面把養分分解所產生的能量，以ATP的形態保存下來；另一方面則迅速分解自己，把能量轉移給需要它的地方，因此，ATP是細胞進行新陳代謝的最大功臣。ATP就像貯藏在蓄電池裡的電能，隨時都可以立即取用，但貯藏能量有限。

　　影響ATP供給細胞能量效率的主要決定因素就是「粒線體的活躍與健康狀態」。粒線體存在於所有生物的細胞體內，是製造ATP的主要場所，也是細胞進行新陳代謝時的能量來源。因此，粒線體又稱為「細胞的發電廠」，粒線體的狀態越好，細胞就能正常運作，身體機能就愈佳。粒線體的運作可視為人體的微型電路，一個健康的細胞具有70毫伏特的電荷，生病的或營養不良細胞膜的電荷可能減少到30毫伏特以下；因為能量不足沒有辦法輸送養分，細胞便逐漸趨向死亡，整個身體的電活動量也會降低。目前治療肌腱及韌帶的治療，常用的「肌動學」能量醫學科技，就是人體微電流的應用。

(二)人體運動時的能量供給模式

　　所有器官的功能都為了維持各個細胞的內部平衡，無論體內或外界環境發生任何變化，各器官都必須在細胞間體液和血液裡的血漿之間持續交換物質，以維持細胞正常功能。從事激烈運動時，會立即產生「急性」的生理反應，以提供細胞足夠的能量；可是運動一段時期之後，再做相同的運動時就覺得輕鬆多了，心跳、呼吸和血壓不會像以前增加得這麼快速，這就是對運動的慢性反應了，也就是所謂的

「訓練效果」（賴金鑫，1993）。代表我們的心肺功能已經有所改善了，不需要立即增加能量或氧氣的提供。

　　為了讓運動繼續進行，人體運動時能量提供的機制包括：有氧性能源與無氧性能源。「有氧性能源」的能量產生機制與引擎內的「內燃機」相似，需要時間來轉換，從事激烈運動等緊急狀況時，有氧性能源遠遠不足以應付身體所需的能量。此時，需要透過「無氧性能源」來補充，以「無氧代謝」產生的ATP提供短時間、激烈運動所需要的能量，也就是所謂「急性反應」的運動生理反應（王鶴森等，2015；賴金鑫，1993）。

◆有氧性能源

　　人體在安靜或休息狀態時，氧氣供應充足，身體細胞所需的能量主要是由「有氧系統」來提供，有氧性能源是人體平時或持續性運動時，主要的能源供應模式。在氧氣供應充足的情況下，有氧系統能夠在細胞質和粒線體中，透過「氧化性酵素」，把醣類、脂肪、蛋白質等養分進行糖解作用（glycolysis）、檸檬酸循環（tricarboxylic acid cycle）和氧化磷酸化（oxidative phosphorylation），進而釋放出大量ATP。有氧系統雖然供能速率低，但維持時間長，且不產生乳酸，是人體進行長時間耐力活動的主要供能系統。

◆無氧性能源

　　在人類的細胞質中有一些「無氧性糖解酵素」，能夠在無氧狀態下，把葡萄糖分解成焦葡萄酸（學名為丙酮酸，pyruvic acid），再轉變成乳酸，稱為「無氧性糖解作用」。無氧的情況下，碳水化合物會在不完全分解的情況下釋放出能量以合成ATP，並產生乳酸（代謝副產物）。在無氧情況下，ATP的產量遠遠低於在有氧情況下碳水化

合物被完全分解時的產量，但卻能夠提供身體應變「急性運動生理反應」，提供短時間、激烈運動所需要的能量。

以肝醣為例，在無氧性的糖解酵素作用之下，每單位的葡萄糖最多只能產生2個ATP和乳酸；但是，在氧氣充分供應時，幾乎所有的焦葡萄酸都會進入粒腺體內，而不會被還原為乳酸。一旦進入粒線體內，經過一連串的氧化酵素作用，最多可以產生38個ATP。換句話說，肝醣內的每個葡萄糖分子在完全氧化之後，所能產生的ATP數目比無氧性糖解作用產生的ATP數量高出許多。

「有氧性能源」的能量產生類似內燃機的原理，「無氧性能源」則類似每輛汽車的蓄電池和啟動機，並不需要氧氣，就能輕易地發動引擎。事實上，在氧氣充足的情況下，所產生的總能量難以估計，因為不僅是碳水化合物，就連脂肪及蛋白質都可以被用作「燃料」，對於長時間的耐力活動（如馬拉松長跑），充分的氧氣提供，對ATP的重新合成非常重要。

一般稱「無氧運動」，就是指身體利用「無氧代謝」產生的ATP作為能量的運動，時間約在90-120秒之間。無氧代謝的過程中會產生乳酸，也因此運動後常會感覺肌肉痠痛，就是乳酸堆積的結果。無氧運動是運動時間短、強度高，心跳率達到最大心跳速率的85-90%以上的運動。運動期間無法講話和順暢呼吸，也因此無法長時間運動，時間通常在1-2分鐘以內。一般運動強度大、短時間的運動，都是一種無氧性能源提供，屬於無氧運動。例如，短距離的一百公尺或兩百公尺賽跑、重量訓練、仰臥起坐、伏地挺身等，幾乎所有的能量來自無氧性能源。

四、人體能量的交流模式

(一)能量的異側傳輸

　　無論是印度的脈輪、印度的手印（mudra）、西藏能量系統、非洲能量系統，都認為「脈」就是能量的通道，人體的能量與大地、大自然的能量和諧共振。人體有數個能量中心，無數條的主要能量通道（能量主脈），數條主脈交叉向上，並在能量中心連結。換句話說，人體內的能量流是以無數個交叉、螺旋的韻律8模式交織而成。我們身體細胞內的DNA的雙股螺旋就是這個模式的縮小版（徐曉珮譯，2016；韓沁林譯，2014），這正是能量醫療工作者所強調的「異側傳輸」。

　　異側傳輸是指大腦神經系統以交叉方式傳輸訊息，如果左右腦的能量無法順利地交流到對邊的身體，個體就無法充分發揮大腦的潛能，身體的智慧也無法開展。在人類的進化過程中，走路、游泳、跑步等都是一種「異側爬行」或稱「交叉爬行」（cross crawl），順利、持續的異側傳輸的能量引導，可以協助人體能量快速回到平衡狀態。

　　例如，嬰兒在學會交叉爬行前，都是同側爬行，他們身體的能量尚未交流，仍然是右腦管理右邊身體、左腦管理左邊身體；但他們很快就可以學會異側爬行。這就是為什麼嬰兒的學習曲線指數會隨著嬰兒的爬行能力快速遞增（謝維玲譯，2014）。所以當我們覺得很疲倦的時候會想要兩手交叉在胸前，或者覺得身邊的人給我們很大壓力的時候，我們也會自然地把兩手交疊放在胸前，這是一種自我保護的機制，也代表此時此刻，我們身體的能量相對地低下，身體想擁有穩定能量的象徵，是一種自然的現象。

　　事實上，經絡系統中的手陽明大腸經在身體的循行也呈現8模式交叉。大腸經從左右兩側食指尖端的「商陽穴」開始，沿手臂上行，從

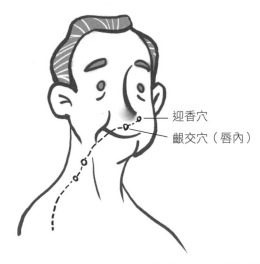

圖4-1　右邊大腸經脈在齦交穴交會後往左邊行至迎香穴

鎖骨旁的天鼎穴上行經過頸部，往上穿過面頰，沿著口部兩旁，往上相交於齦交穴（外部又稱人中穴，屬督脈）。在齦交穴交叉後，左邊經脈到右邊，右邊到左邊，上行至「迎香穴」，最後交於足陽明胃經（如圖4-1）。

　　筆者在大學教學時，經常可以發現許多來自弱勢家庭的孩子們，與師長們對話時，會不由自主的將兩手交疊放在胸前，或者翹二郎腿，兩腿緊緊交疊。這些都是他們處於能量不足、缺乏信心時，身體會自然啟動的自我保護機制；因為，透過雙手在胸前交叉（畫8），可以快速提升身體的能量場。也可能是這些孩子們覺得師長們給自己極大的壓力，因此雙手在胸前交叉（畫8），讓自己能量場快速提升，保護自己。

　　只是，多數人都以為這些孩子沒有禮貌；事實上，是師長們不懂得解讀孩子的身體語言，因此無法適當的引導他們。在許多社區照顧據點內，偶爾也會看到一些長輩習慣性地翹著二郎腿，且兩腿緊緊交

疊。這些長輩通常是意識清楚，認知功能正常，但是身體能量逐漸流失；為了讓身體保持穩定狀態，不得不翹起腿，兩腿交疊。針對這些身體能量不足的年輕人或長輩們，只需要引導他們原地踏步，雙手擺動時讓手肘跨越身體的中線（如**圖4-2**）；或到戶外走走，就能讓身體能量自然流動，再度充滿活力。

(二)身體平衡與能量的管理

日前楊定一醫師與吳長泰師父（2016）大力推廣能量醫學、自然療法的觀點，全力推展螺旋拉伸運動。許瑞云、鄭先安醫師（2020）則大力呼籲善用人體的自癒能力；並積極在各地推廣「異側爬行」、

圖4-2　原地踏步，讓雙手跨越身體中線，兩手可交互握拳，協助末梢血液回流

「8字形身體律動」、「劃分天地」等各種可以提升身體能量的肢體運動。都在鼓勵大家運動時儘量多做一些身體兩側交互擺動的運動，幫助大腦左右側腦室之間的訊息互動。國內養生氣功師李章智（2016）指導中高齡者練習太極的「陰陽螺旋」，兩手在兩側上下交錯畫圓、在胸前交叉後，換邊上下畫圓，就是在引導體內的能量進行異側傳輸。這些先進都深深相信，只需要5-10分鐘的異側傳輸，就可以增加元氣活力，或稱為陽氣（武國忠，2016），同時還能放鬆身體、消除疲勞。

北京武國忠醫師（2009）也鼓勵大眾煉氣養生，讓身體自我修復，養生治病要傾聽自己身體所發出來的訊。武醫師表示，養生重點在求體內平衡。當人體處於不平衡狀態時，就像槓桿失衡，身體的一端會低沉下去，另一端則會升上來。低沉下去的稱為「低沉點」，也就是病變的點；升上來的地方則為「高升點」，會特別敏感，有壓痛感覺。他以周爾晉（2018）根據《黃帝內經・繆刺論》及臨床經驗所提出的「X形平

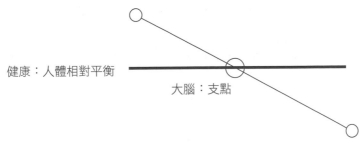

圖4-3　X形平衡法示意圖

資料來源：周爾晉（2018）；武國忠（2009）

衡治療」為基礎，建議大家自己練習找到治病的「高升點」。

　　武醫師指出，人體疾病的高升點主要集中在手腳四肢和耳朵上；而這個高升點都出現在人體病痛點的「X形」相對位置上（如圖4-4）。其概念與西方能量醫療、全訊息的概念完全相通。亦即：

上部有病下部平，下部有病上部平；
左部有病右部平，右部有病左部平；
中間有病四邊平，四邊有病中間平；
找到低沉高升點，平衡神力諸病平。

　　例如，當病痛出現在右側膝蓋中央時，就必須在「X形」相對位置——左手的彎曲中央處（如圖4-4）來按壓尋找高升點；當病痛出現在右邊膝蓋彎曲外側時，就必須在「X形」相對位置——左手的彎曲

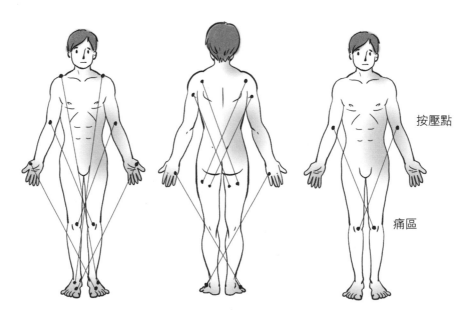

按壓點

痛區

圖4-4　正面與背面手部關節炎高升點取穴位

資料來源：修改自武國忠（2009）

處的內側（如**圖**4-4）按壓尋找高升點。可見傳統經絡學也認為健康的人體能量流動，應該呈現交叉狀態。

　　美國哈佛管理學院Tony Schwartz與Catherine McCarthy教授（2007）十多年前就將「能量管理」的概念引進企業，從身心靈能量的流暢、連結、平衡等角度，強調個人健康的界定，目前能量管理已成為企業人才訓練的顯學。正如Donna Eden博士所說的，人體身、心、靈都有各自的能量系統，只要按部就班地強化，定時補充恢復，就能維持能量的連結、流暢、平衡（徐曉珮譯，2016）。建立每日特定的儀式，從刻意練習，按表操課的行為開始，一旦達到渾然不覺、自動自發的境地，就能擁有健康的身、心、靈。

　　國內有關能量醫療的豐富訊息可以參考由雷久南醫師發起創立的《琉璃光雜誌》，全球性的琉璃光養生世界，仍定期出版雜誌，推展能量醫療的知識與訊息。相關的資訊值得我們細細地閱讀。

討論焦點

1.在閱讀本章之後，您對能量以及人體的能量場有什麼樣的認識或心得？可以舉日常生活中的一個例子來說明嗎？

2.何謂「共振」？想想看，日常生活中有哪些共振的例子？

3.人體能量的產生可分為「有氧性能源」和「無氧性能源」，兩種能量產生的機制與使用的時機有何不同？請各舉一個體能活動來說明。

4.何謂身體能量的「異側傳輸」？針對能量的異側傳輸，您個人有些什麼樣的生活經驗或不同的身體體驗嗎？

5.在日常生活的經驗與學習印象中，哪一種振動（或律動）所產生的能量讓您印象深刻？

Chapter
5

人體的精微能量能道──經絡系統

中國傳統醫學與能量醫療都主張，透過經絡拍打、按摩，可以協助「氣」的傳送，而「氣」就是生命所需的精微能量；經絡拍打、按摩能讓身體氣血順暢循行，讓身體能量達到平衡狀態。經絡是光或能量的通道，經絡系統可說是整體振動醫療或能量醫療的核心。Kenneth Morgareidge博士的研究甚至假設，當胚胎在發育時，經絡就已經在建構人體的微型電路的版型了。這代表，每個人終其一生都是靠經絡在指引體內的電磁運動。

一、經絡系統的基本內涵

中醫主張人體內有一個微妙的系統負責傳送氣、血與津液等精微的物質，並稱這個網絡為「經絡系統」。人體的經絡系統由經脈和絡脈組成，即「經脈為裡，支而橫者為絡，絡之別者為孫」（周煜主編，2007；吳清忠，2014）。「經」是路徑，屬於縱行的通道；「絡」是網絡，屬經脈的分支，縱橫交錯循行全身。經絡分別與臟腑相聯繫，稱為絡屬關係。與身體「六腑」相絡屬的經脈都稱「陽經」，與「五臟」相絡屬的經脈則稱為「陰經」。

中醫的「臟」屬陰，是人體組織充實的實體器官，功能是生產、運化、調節精氣；「五臟」是指：心、肺、脾、肝、腎。「腑」屬陽，是胸腹腔內空腔的器官，負責傳導、消化與排泄；「六腑」是指：膽、胃、大腸、小腸、膀胱、三焦。臟與腑透過表裡相互關係，一臟配一腑，臟屬陰為「裡」，腑屬陽為「表」。臟腑的表裡是由經絡來聯繫，即「臟的經脈絡於腑、腑的經脈絡於臟」。經脈及絡脈彼此相互聯繫，形成氣（能量）、血（滋養物質）與各種津液循環的網絡，維持身體正常生理功能。因此，經絡系統通常分為十二經脈、奇經八脈、十五絡脈（周煜主編，2007；吳清忠，2014；張志弘，2020）：

(一)十二經脈

　　十二經脈是經絡的主體部分，是氣血運行的主要通道，也是人體能量的主要通道。十二經脈包括：「手三陰經」（手太陰肺經、手厥陰心包經、手少陰心經），「手三陽經」（手陽明大腸經、手少陽三焦經、手太陽小腸經），「足三陽經」（足陽明胃經、足少陽膽經、足太陽膀胱經），與「足三陰經」（足太陰脾經、足厥陰肝經、足少陰腎經）。

(二)奇經八脈

　　奇經八脈是溝通與連接十二經絡較大的支脈，包括大家熟知的任脈與督脈；以及沖脈（又稱衝脈）、帶脈、陰蹺脈、陽蹺脈、陰維脈、陽維脈等。

(三)十五絡脈

　　除了十二經絡，體內也有橫向的液體通道，即「十五絡脈」。十五絡脈是從十二經脈分出來的斜行支脈，即十二經脈發展出來的絡脈，加上任脈、督脈的絡脈，以及脾經的一條大絡，共十五條絡脈。各條經絡中帶著老廢物質的液體，最後都會匯流到膀胱經，從膀胱俞穴流進膀胱，最後排出體外。

　　一般所稱「經絡學」內容博大精深，包括：各經絡系統各組成部分的循行部位、生理功能、病理變化及其表現，經絡中血氣的運行與自然界的關係，經脈循行路線上的穴位及其主治作用，以及經絡與臟腑的關係的理論與應用，是針灸、推拿、氣功等醫療的基礎（陳昌

駿，2019；周煜主編，2007）。根據經絡學，一般按壓穴位常用的手法包括：點按、摩、揉、推、拿、捏、點扣、彈、拍多種手法。能量律動健康操中有很多動作，即透過拍打、點扣，以激活身體重要穴位的傳輸功能。

不僅傳統中醫鼓勵透過適當的穴位按摩、養生，美國心理諮商Gary Craig博士所研發的「情緒釋放技巧」（EFT）也認為，人體的情緒障礙主要是負向情緒對我們的能量場的干擾。因此透過拍打身體的穴道（即能量點），幫助身體回到原來的振幅與頻率，就能舒緩身體的疼痛（如第三章的**圖3-6**）。主要拍打的穴位就是與情緒有關的上丹田、瞳子髎、承泣、俞府、神門等穴位。

二、十二經脈的簡要介紹

十二經脈從第一經脈「手太陰肺經」開始，起於上胸部的「中府穴」，十二條經脈，循行全身，最後第十二條經脈「足厥陰肝經」回到胸部乳頭下方的「期門穴」，正好繞行全身一圈。首先手太陰肺經從胸中的中府穴走至姆指指端的少商穴，在手的末端交於與肺經相表裡的手陽明大腸經。手陽明大腸經從食指尖端的商陽穴，往頭部走至鼻翼兩側的迎香穴，在頭面部交於足陽明胃經。依此類推，其他經脈依序循行全身，最後足厥陰肝經從腳拇趾的大敦穴，回到胸腹部的期門穴。

總整十二經脈在身體循行依序為：(1)手太陰肺經（L1-L11）；(2)手陽明大腸經（Li1-Li20）；(3)足陽明胃經（S1-S45）；(4)足太陰脾經（Sp1-Sp21）；(5)手少陰心經（H1-H9）；(6)手太陽小腸經（Si1-Si19）；(7)足太陽膀胱經（B1-B67）；(8)足少陰腎經（K1-K27）；(9)手厥陰心包經（P1-P9）；(10)手少陽三焦經（T1-T23）；(11)足少

陽膽經（G1-G44）；(12)足厥陰肝經（Liv1-Liv14）。

十二經脈的走向與交接如下（周煜主編，2007；武國忠，2009；張志弘，2020）：

1. 手三陰經「由胸走手」，手三陽經則是「由手走頭」；足三陽經「由頭走足」，足三陰經則是「由足走胸」。拍打經脈時，要配合經絡的走向來拍打。「順向」拍打是補，「逆向」拍打是洩。

   (1)手部的三條陽經：手陽明大腸經、手太陽小腸經、手少陽三焦經，都是「由手走頭」；拍打時，要從手指端往手臂拍打才是補。

   (2)手部的三條陰經：手太陰肺經、手厥陰心包經、手少陰心經等，都是「由胸走手」，應該由上臂往下拍打，才是補。

   (3)足部的三條陽經：足太陽膀胱經、足陽明胃經、足少陽膽經，都是「由頭走足」；拍打時，要從大腿往下拍打才是補。

   (4)足部的三條陰經：足太陰脾經、足厥陰肝經、足太陰腎經等，都是循行腿部內側，「由足走胸」，拍打時，要由下往上拍打，才是補。

2. 臟與腑透過表裡相互關係，一臟配一腑，臟與腑互相配合，彼此經氣相通，互相作用。包括：肺與大腸相表裡、脾與胃相表裡、心與小腸相表裡、腎與膀胱相表裡、心包與三焦相表裡、肝與膽相表裡。

十二經脈的流注從肺經依序相傳到肝經，再傳回肺經，周而復始。相表裡的陰陽兩經會在手足末端交接，同名的兩陽經在頭面部交接，相銜接的兩條陰經則在胸中交接。因此經絡研究者將人體十二經脈流注順序圖整理如圖5-1。

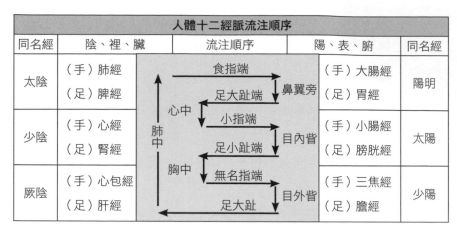

人體十二經脈流注順序				
同名經	陰、裡、臟	流注順序	陽、表、腑	同名經
太陰	（手）肺經 （足）脾經	食指端 足大趾端 → 鼻翼旁	（手）大腸經 （足）胃經	陽明
少陰	（手）心經 （足）腎經	小指端 足小趾端 → 目內眥	（手）小腸經 （足）膀胱經	太陽
厥陰	（手）心包經 （足）肝經	無名指端 足大趾 → 目外眥	（手）三焦經 （足）膽經	少陽

圖5-1　人體十二經脈流注順序圖

資料來源：張志弘（2020）

三、主要經脈的循行與穴位

　　經絡學博大精深，本處僅簡單介紹十二經脈與任督二脈的循行、穴位，以及該經脈的預防與主治疾病（周煜主編，2007；吳清忠，2014；武國忠，2009；張志弘，2020），希望協助讀者透過經脈拍打、按摩等日常養生，照顧好自己與家人的健康。

(一)十二經脈

◆手太陰肺經（L1-L11）

　　手太陰肺經為「胸走手」，從上胸部的中府穴開始，上走雲門穴，再走至手臂內側的天府穴、俠白穴、尺澤穴、孔最穴等，接著到手腕的列缺穴、經渠穴、太淵穴、魚際穴，最後到拇指端的少商穴。

　　總計手太陰肺經左右各11個穴位，手太陰肺經預防和主治的疾病

以「呼吸系統」為主，包括：各種急慢性氣管炎、支氣管炎、哮喘、咳嗽、咳血、胸痛、慢性扁桃腺炎、咽喉炎、鼻炎、流鼻血；以及經脈所過的關節屈伸障礙、肌肉疼痛等。中醫認為「脾為生痰之源，肺為貯痰之器」，很多高齡者長期受痰濁、痰多之苦，除了長期養脾，也要多拍打肺經上的穴位。

◆手陽明大腸經（Li1-Li20）

手陽明大腸經為「手走頭」，從食指指甲蓋外側的商陽穴，往上走二間穴、三間穴、合谷穴、陽谿穴，繼續往手肘走至手三里穴、曲池穴、肘髎穴、手五里穴；至肩頸處的肩髃穴、扶突穴，穿過面頰，沿口部兩旁往上相交於齦交穴（外部又稱人中穴，屬督脈），在齦交穴左右交叉後，左邊的經脈到右邊，右邊的經脈到左邊，分別上行抵達兩側的迎香穴（如圖4-1）。

總計手陽明大腸經左右各20個穴位，「肺與大腸相表裡」，手陽明大腸經預防和主治的疾病也與「呼吸系統」有關，且多數為「神經性疾病」，包括：頭痛、顏面神經炎、顏面肌肉痙攣、面癱、牙痛、結膜炎、角膜炎、耳鳴、耳聾、三叉神經痛、鼻炎、鼻塞。其他如：頸椎病、皮膚搔癢、神經性皮炎、蕁麻疹，以及經脈所過的關節活動障礙。此與西方醫學認為「腸－腦軸」（gut-brain axis）是大腦和腸消化道兩個器官間的溝通橋樑（維基百科，2021b），概念完全吻合。

◆足陽明胃經（S1-S45）

足陽明胃經為「頭走足」，從鼻翼兩側的承泣穴往下，經臉頰兩側的巨髎穴、大迎穴、頰車穴、下關穴等穴，往下至胸部氣舍穴、缺盆穴、氣戶穴等；經腹部兩側天樞穴、外陵穴等，走至大腿正面髀關穴、伏兔穴，至小腿的足三里穴等，最後至第二腳趾的厲兌穴，並在

趾間交於足太陰脾經。

　　總計足陽明胃經左右各45個穴位，足陽明胃經預防和主治的疾病以「消化系統」為主，包括：腹胃脹痛、胃垂、急性胃痙攣、胃炎、胃及十二指腸潰瘍、消化不良、食慾不振、便秘、泄瀉、痢疾、胃腸蠕動過慢。也與某些「頭面疾病」有關：黃褐斑、頭痛、眼痛、牙痛、顏面神經麻痺、腮腺炎、咽炎，以及中風偏癱後遺症、慢性闌尾炎、乳腺增生，以及經脈所過的關節肌肉痛等。高齡者要多按摩胃經位於小腿的足三里穴位，是高齡者後天養生的重點。

◆足太陰脾經（Sp1-Sp21）

　　足太陰脾經為「足走胸」，從腳拇趾內側的隱白穴往足內側的大都穴、太白穴、公孫穴，接著往上到小腿內側的三陰交穴、地機穴、陰陵泉穴，走至大腿內側血海穴等，上行胸腔的衝門穴、府舍穴、腹結穴、腹哀穴、食竇穴、胸鄉穴、周榮穴，最後至大包穴，銜接手少陰心經。

　　總計足太陰脾經左右各21個穴位，足太陰脾經預防和主治的疾病以「消化系統」與「泌尿生殖系統」為主。消化系統疾病包括：消化不良、泄瀉、痢疾、便秘。泌尿生殖系統包括：婦科經痛、月經不調、閉經、月經提前或延後、骨盆腔炎；男性急慢性前列腺炎、水腫。其他如全身不明原因疼痛、關節炎，以及經所通過的肌肉軟組織疾病。

　　對於性荷爾蒙分泌快速減少，消化系統也同時降低的高齡者而言，透過多個重要脾經穴位的拍打，養護脾經，格外的重要。

◆手少陰心經（H1-H9）

　　手少陰心經為「胸走手」，從並胸部腋下的極泉穴至手臂內側的

青靈穴、少海穴，往下至手腕的靈道穴、通里穴、神門穴等，都是大家熟知且重要的養生穴位，最後至小指端的少衝穴，在指間交於足太陽小腸經。

　　總計手少陰心經左右各9個穴位，手少陰心經預防和主治的疾病以「心血管疾病」與「神經及精神疾病」為主。心血管疾病包括：冠心病、心絞痛、心跳過慢或過快、肌缺血、心慌；神經及精神疾病如：失眠健忘、神經衰弱、精神分裂、癲癇、神經官能症，以及經脈所過的肌肉痛、肋間神經痛等。

中高齡者耳鳴的穴位理療

不明原因的耳鳴經常困擾許多高齡者，甚至影響日常生活。要治療耳鳴，不能只看耳朵。有一些耳以外的疾病也與耳鳴有關，例如：高血壓、家族性高血脂、糖尿病或甲狀腺疾病等，必須先排除（曾啟權，1996）。至於穴位療法者可以善用耳前三穴，即耳門、聽宮、聽會，再加上頭顱的角孫穴，以及耳朵後面的頭竅陰穴。

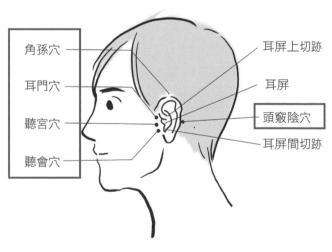

圖5-2　耳鳴穴位理療的重要穴位位置

◆手太陽小腸經（Si1-Si19）

手太陽小腸經為「手走頭」從手小指末端的少澤穴往上至後谿穴、養老穴、小海穴等，經肩部肩貞穴、臑俞穴，繞至後背的天宗穴、肩中俞等穴，從臉頰下的天容穴進入臉部顴髎穴，最後至耳前的聽宮穴。

總計手太陽小腸經左右各19個穴位，手太陽小腸經預防和主治的疾病以「頭面相關神經性疾病」為主。包括：咽痛、眼痛、耳鳴耳聾、中耳炎、腮腺炎、扁桃腺炎、角膜炎、頭痛；其他如腰扭傷、肩痛、落枕、癲癇，以及經脈所通過的關節肌肉痛等。

茲將第一至第六條經脈在身體循行的次第、各條經脈主要排毒時間，整理如**表**5-1。詳細的穴位可參考附錄經絡實用圖。

表5-1　人體第一至第六經脈走位順序表

序	經脈名	經脈循行	第一	最後	經脈旺	相表裡
1	手太陰肺經（L1-L11）	胸→手	中府	少商	3-5寅時	肺
2	手陽明大腸經（Li1-Li20）	手→頭	商陽	迎香	5-7卯時	大腸
3	足陽明胃經（S1-S45）	頭→足	承泣	厲兌	7-9辰時	脾胃
4	足太陰脾經（Sp1-Sp21）	足→胸	隱白	大包	9-11巳時	
5	手少陰心經（H1-H9）	胸→手	極泉	少衝	11-13午時	心
6	手太陽小腸經（Si1-Si19）	手→頭	少澤	聽宮	13-15未時	小腸

◆足太陽膀胱經（B1-B67）

足太陽膀胱經為「頭走足」，是人體最龐大的一個經脈。從目內眥的睛明穴開始，往額頭走至攢竹穴、眉衝穴，走至後腦的玉枕穴、天柱穴等，從天柱穴走至上背部以後，左右側都分兩條下行，一支沿著脊柱旁下行至腰部下方，包括大杼、肺、心、肝、膽、脾、胃、三

焦、腎等臟腑的俞穴,再至上髎、下髎等。另一支脈從肩胛內側分別下行,經膏肓、神堂、意舍、胃倉、肓門、志室、胞肓、秩邊等穴。兩條經於委中穴會合,由此向下至承山穴、跗陽穴,接著至腳踝後的崑崙穴、申脈穴等,最後到小趾外側的至陰穴,並於腳趾接足少陰腎經。

總計足太陽膀胱經左右各67個穴位,足太陽膀胱經預防和主治的疾病以「呼吸、消化、泌尿生殖」等系統為主。呼吸系統疾病如:感冒、發燒、各種急慢性支氣管炎、哮喘、肺炎。消化系統疾病如:消化不良、腹痛、痢疾、胃及十二指腸潰瘍、胃下垂、急慢性胃腸炎、膽囊炎。泌尿生殖系統疾病如:腎炎、陽萎、睪丸炎、閉經、月經不調、經痛、骨盆腔炎、子宮頸糜爛。其他如:失眠、腰背痛、坐骨神經痛、中風後遺症、關節炎,以及經脈所過的肌肉痠痛。

◆足少陰腎經(K1-K27)

足少陰腎經為「足走胸」,起於腳底的湧泉穴,至足內側的然谷穴、太谿穴、水泉穴、照海穴等,往上走腿部內側的築賓穴、陰谷穴;從橫骨穴進入腹腔,沿著任脈兩側上行至胸腔上方的俞府穴,並在胸部連結手厥陰心包經。

總計足少陰腎經左右各27個穴位,足少陰腎經預防和主治的疾病以「泌尿生殖系統」為主,包括:急慢性前列腺炎、陽萎、早洩、遺精、睪丸炎、經痛、月經不調、骨盆腔炎、胎位不正、各種腎炎、水腫。其他如:頭痛、牙痛、消化不良、泄瀉、耳鳴耳聾、腰痛、中風、休克,以及經脈所過的各種關節肌肉軟組織病。脾為後天之本,腎則為先天之本,高齡者要積極養腎,才能有好的睡眠品質與泌尿系統功能。

◆手厥陰心包經（P1-P9）

手厥陰心包經為「胸走手」，自胸部乳頭附近的天池穴上行後，走至上臂的天泉穴、曲澤穴、內關穴；走至手腕的大陵穴、掌心的勞宮穴，最後至中指的中衝穴，並於指間交於手少陽三焦經。

總計手厥陰心包經左右各9個穴位，手厥陰心包經預防和主治的疾病以「心血管疾病」為主，包括：心慌、心跳過慢、心跳過快、心絞痛、心肌缺血、胸悶。其他如噁心、嘔吐、抑鬱症、中暑、休克、小兒驚風、胃痛胃脹，以及經脈所過的關節肌肉痛。

◆手少陽三焦經（T1-T23）

手少陽三焦經為「手走頭」，從無名指尖端的關衝穴沿無名指上行，經外關穴、三陽絡穴、天井穴，從肩髎穴、天髎穴，順著肩頸往上至後腦杓的天牖穴、翳風穴、角孫穴，繞至耳前的耳門穴、耳和髎穴，最後至絲竹空穴，並在頭部交於足少陽膽經。

總計手少陽三焦經左右各23個穴位，手少陽三焦經預防和主治的疾病以「頭面的神經性疾病」為主。包括：耳鳴耳聾、腮腺炎、偏頭痛、顏面神經、顏面肌肉痙攣。其他如肋間神經痛、便秘、感冒、中風後遺症、肘關節屈伸不利，以及經脈所過的關節和肌肉軟組織病。

◆足少陽膽經（G1-G44）

足少陽膽經為「頭走足」，從目外眥的瞳子髎穴起，至耳下的聽會穴，往上額到頷厭穴，再下走至耳後的完骨穴，再次上走至額前的陽白穴，沿著頭兩側依序往下頭走至腦後的風池穴。接著走至肩井穴，並沿著胸腔兩側下行，經淵腋穴、輒筋穴、日月穴、維道穴等，下行至髖骨兩側的環跳穴，繼續下行膝陽關穴、陽陵泉穴、陽交穴、懸鐘穴，最後至第四腳趾尖端的足竅陰穴，並於腳趾末梢交於足厥陰

肝經。

總計足少陽膽經左右各44個穴位，足少陽膽經預防和主治的疾病以「肝膽疾病」與「頭面神經性疾病」為主。肝膽疾病包括：急慢性膽囊炎、膽絞痛、各種慢性肝炎；頭面神經性疾病如：頭昏、偏頭痛、顏面神經炎、顏面神經麻痺、耳鳴耳聾、近視。其他如感冒、發熱、咽喉腫痛、腋下痛，以及經脈所過處的肌肉痛。

情緒波動較大時的自我理療

情緒波動大的時候，可以同時用左右側太衝穴，加上配合雙側合谷穴來調適自己的情緒，每個點按3分鐘。其中，太衝穴屬於肝經，是有名的「消氣穴」。最後再按壓背後的隔俞穴，隔俞穴可以活血理氣，可以有很好的舒緩效果。相關穴位可參考附錄之經絡實用圖（武國忠，2009）。

◆足厥陰肝經（Liv1-Liv14）

足厥陰肝經為「足走胸」，從腳拇趾外側的大敦穴起，往上走太衝穴、中封穴、中都穴，從膝關穴繞至膝後的曲泉穴，上行至大腿內側的陰包穴、足五里穴、陰廉穴沿腹腔上行，最後至胸下的期門穴，經脈回到胸中。

總計足厥陰肝經左右各14個穴位，足厥陰肝經預防和主治的疾病以「泌尿生殖系統」與「肝膽疾病」為主。泌尿生殖系統如：經痛、閉經、月經不調、骨盆腔炎、前列腺炎、疝氣。肝膽疾病包括：各種慢性肝病、急性膽囊炎、肝脾腫大裂、抑鬱症。其他如頭頂痛、頭暈眼花、各種暈眩、癲癇、胃痛等。

茲將第七至第十二條經脈的第一穴位與最終穴位、各條經脈主要排毒時間，整理如**表5-2**。

高齡者體適能活動設計與引導實務——能量與律動共舞、高齡更健康

表5-2　人體第七至第十二經脈走位順序表

序	經脈名	經脈循行	第一	最後	經脈旺	相表裡
7	足太陽膀胱經（B1-B67）	頭→足	睛明	至陰	15-17申時	膀胱腎
8	足少陰腎經（K1-K27）	足→胸	湧泉	俞府	17-19酉時	
9	手厥陰心包經（P1-P9）	胸→手	天池	中衝	19-21戌時	心包 三焦
10	手少陽三焦經（T1-T23）	手→頭	關衝	絲竹空	21-23亥時	
11	足少陽膽經（G1-G44）	頭→足	瞳子髎	足竅陰	23-1子時	肝膽
12	足厥陰肝經（Liv1-Liv14）	足→胸	大敦	期門	1-3丑時	

(二)任脈、督脈

任脈與督脈都屬於「奇經八脈」，是連接、溝通十二經脈的主要支脈。任督二脈為陰陽諸經的綱領，負責主導、調節十二經脈的氣血循行。人體陰陽之氣的盛衰，臟腑之氣的虛實，生殖功能的強弱，都與任督二脈有密切的關係（周煜主編，2007；武國忠，2009）。因此，在針灸臨床上，疏通任督二脈有非常重要的意義。

任脈位於人體「腹側」（ventral），為「手、足三陰脈之海」；督脈位於人體「背側」（dorsal），總制諸陽，是奇經八脈的主脈，是「手、足三陽脈之海」。任脈與督脈有兩個相交點，下交於會陰之間，上交於上唇內的齦交穴。

◆任脈

任脈始於下腹會陰穴，下行出會陰部，向前上行經恥骨處入腹內，沿前腹內正中線上行，經關元、神闕、下脘、中脘、上脘、膻中等穴至咽喉部，再上行至唇下的承漿穴，總計任脈上有24個穴位。

任脈預防和主治的疾病以「泌尿生殖」與「消化系統」為主，泌尿生殖系統的疾病包括：前列腺炎、陽萎、早泄、骨盆腔炎、白帶；消化系統的疾病包括：胃痛、消化不良、胃潰瘍。其他如失眠、胸悶

氣短、腰痛等。整理而言，任脈主治身體腹側的腹、胃、胸、頸、咽喉、頭面等局部病症與相對應的內臟病症。

高齡養生要保先天、養後天、通氣血

養生的秘訣在於「保先天、養後天、通氣血」（武國忠，2009）。其中，保先天最重要的是神闕穴和湧泉穴。

★按壓神闕穴——壓臍
神闕穴就是肚臍，是人體五臟六腑的根本，是調整身體整體狀況的黃金分割點，「壓臍」能夠激發人體的元氣，可以提高人體對疾病的抵抗能力。壓臍時只需要配合吐納，就有很好的效果。壓臍時全身放鬆，站立或仰臥床上，兩手掌重疊放在肚臍上，先逆時針方向旋轉108圈，然後再順時針方向旋轉108圈。

★搓揉湧泉穴
湧泉穴是腎經的源頭，腎為人體先天之本，摩擦湧泉就是啟動生命的活水源頭。許多倡導能量醫學的醫師，也鼓勵大家以鐵湯匙在腳底持續畫8（許瑞云、陳煥章，2012），就是要激活湧泉穴，啟動生命的能量。

◆督脈

督脈始於小腹內，下出會陰部，向身體背側後從長強穴，向上行於脊柱的內部，上達頸項後的大椎穴、啞門穴、風府穴，進入腦內，上行頭頂百會穴、前頂穴，沿前額下行鼻柱，止於上唇內的齦交穴，並與任脈相交，總計督脈共有28個穴位。

督脈預防和主治的疾病以「脊椎疾病」為主，包括：腰肌勞損、腰椎間盤突出、僵直性脊椎炎、頸椎病。其他如：小兒消化不良、頭痛、發燒、中風、脫肛、失眠多夢、記憶力減退、退化性關節炎、膽囊炎。整體而言，督脈行走人體背後的正中，督領全身的陽經，主治人體腰、骶、背、頭項等背側局部病症及其相對應的內臟病症。

高齡者體適能活動設計與引導實務——能量與律動共舞、高齡更健康

經絡能量交會的運用——大腦端口

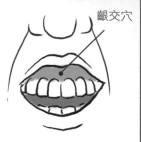

齦交穴

齦交穴——屬「督脈」，穴位於唇內上齒齦與唇繫帶連接處，又為任、督兩脈之會。根據《針灸甲乙經》，「齦交穴在唇內，齒上，齦縫中」。傳統練功都強調「舌頂上齶」，舌頂上齶原則為：嘴閉齒合，舌頭尖及舌面前部自然貼在上齒齦處，即舌尖輕輕頂在上齦齒之間。舌頂上齶是交通陰陽，溝通任督二脈的橋樑，俗稱「搭鵲橋」。

圖5-3　齦交穴的位置

近年來越來越多盲人使用的「大腦端口」（BrainPort）就是利用「舌頂上齶」能溝通任督二脈，匯總陽脈之海（督脈）與陰脈之海（任脈）訊息的功能。BrainPort是由美國科學家研製出的一種可以讓盲人用舌頭看世界的突破性電子裝置。BrainPort主要是針對「感覺訊息輸入功能缺失」的人，透過BrainPort的「微型攝影機」，將視覺、聽覺、嗅覺、味覺、觸覺等資訊傳入。

這項技術外形像一副太陽鏡，經由細細的電線與一個「棒棒糖」式的塑膠感應器，通過「微型攝影機」拍攝圖像，微型數位攝影機直徑約為1英寸（約合2.54 釐米），這一裝置將數位信號轉化為電脈衝，通過塑膠像棒棒糖形狀的「感應器」發送至舌頭。感應器裡有一個由400個電極組成的正方形格子，透過拍攝將圖像資訊轉換為舌頭可感覺到的電脈衝。

BrainPort給盲人提供的是視知覺（Visual Perception）而非視覺（Vision），盲人從舌上的刺激判斷物體的形狀、大小和運動軌跡（BrainPort Technologies, 2021）。盲人透過感應器訓練自己，這是大腦可塑性的應用（洪蘭譯，2016）。

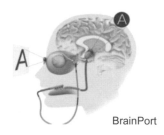

BrainPort

圖5-4　BrainPort的反應機制與目前的裝置

資料來源：BrainPort Technologies (2021)

討論焦點

1. 在成長過程中，您聽過或經歷過「身體經絡理療」嗎？如果有，印象深刻的是哪一條經脈？或哪一個穴位？

2. 身體的經絡系統分為經與絡，根據本章的閱讀，請說明經與絡的關係。

3. 美國心理諮商Gary Craig博士的「情緒釋放技巧」（EFT），認為人體的情緒障礙主要是負向情緒對身體能量場的干擾。該手法主要是拍打身體的哪些能量點？請查閱附錄的經絡實用圖，瞭解這幾個能量點屬於哪些經脈。

4. 人體手部的三條陰經包括：手太陰肺經、手厥陰心包經、手少陰心經。帶領體能活動時，希望透過拍打上肢，激活人體手部這三條陰經的氣血。應該如何拍打？

5. 高齡者的後天調養，要經常拍打、按摩足三里。請討論足三里的位置？足三里屬於哪一條經脈？接著二人一組相互按摩足三里穴位各3分鐘。

Chapter 6

高齡者身心健康之道——氣血共振

一、人體氣血的能量通道

二、振動與生物共振波

三、律動為用的高齡健康養生技巧

目前的科學已證實宇宙萬物都在振動，並以自己的速度在進行著。生物體內的物質，也需要透過不同形式的振動，運行全身，形成能量的流動。如果彼此形成一種和諧共振波，就能和諧運作，能量在身體內外自然順暢地流動，個體就會健康，呈現一種整全、成長的狀態。體內任何一個器官的波動如果受到阻礙、干擾，無法形成和諧共振波動，體內各種物質的運送就會停滯，並在某個器官上出現徵狀。綜合而言，能量是宇宙萬物、任何有機體的「本體」；振動則是宇宙萬物與有機體能量得以順暢流動的「工具」。全身規律性的振動是身心健康的基礎，因此，以「透過能量與律動共舞，引發氣血共振」的健康養生，才能真正擁有健康的身心靈。

一、人體氣血的能量通道

從能量醫學的觀點，人體的「氣循環」與「血循環」是兩個主要的生理互動系統，是身體主要的能量通道。氣與血兩組生理動力，循環互動、互補；一旦氣與血的能量達到平衡，就是健康（王唯工，2007；毛井然、陳江全，2007）。能量醫學領域已可以透過多種儀器來測定這兩個生理的互補、平衡狀態。

1.氣循環：是無形的系統，發自腦部的神經波，啟動心臟跳動，以及調度全身隨意肌，配合自律神經系統，啟動神經傳導與內分泌整合及協調器官系統之功能。

2.血循環：是有形的系統，起於心臟動脈、血管脈動，供給營養護衛各細胞。因日常不同時段供血量的不同，以及各器官系統功能之差異，產生不同的磁場及電磁波。

(一)人體氣的流動

　　傳統中醫認為，「氣」是維持生命活動的基本物質，「氣」就是一種能量的流動。透過呼吸和意念來引導氣血，是所有練氣或武術鍛鍊者的共同目標。南懷瑾（1978）認為，「氣」的型態包括：炁、气與氣三種。

1. 炁：是「無火」的意思，是一種息心清境的境界，無思無慮的境界。
2. 气：是古字的氣，所以代表大自然的大氣。
3. 氣：則可以從道家或醫學觀念來詮釋，是人們喫食米穀之後，而有生命呼吸作用的氣。此即是一般人所稱的胃氣、宗氣。

　　南懷瑾居士認為，無論古度瑜珈術或道家，各家煉氣方法的最後目的，都是憑藉呼吸的作用，由此引發生物潛能的「真氣」。目前也已有研究者證實，透過丹田式呼吸法除了可以加速血液的流動以外，還能將氣血匯聚於丹田，提升健康狀況（梁鈞凱，2020；秦秀蘭、梁鈞凱、顏博文，2020）。

　　日本丹學家石田秀實先生在《氣‧流動的身體》書中也提到：身體除了外部肉體和內部臟腑等構成的「場所身體」外，還有更本源的基礎，即所謂較高層次的「腎間動氣」和「性能量之精」，二者主要流動的路徑正是「奇經八脈」。中醫的針灸即是透過調節穴位之氣，來調節經絡或臟腑之氣；藥物則是透過調節臟腑之氣來調節臟腑經絡（摘自賴錫三，2010）。

(二)人體血的循環

　　身體內主要的循環系統包括：動脈、靜脈與淋巴等三個分支網，所有的努力都為了全身的血液供應。血循環起於心臟動脈、血管脈動，由每個器官各部位「組織細胞顫動的共振」，發出或合成具有能量的波，並以特有的頻率傳遞運作。「和諧的振幅與頻率」是順利推動靜脈和動脈兩個網絡的主要動能，動脈的分支網是利用共振來達到最高效益。血液從心臟打出後所產生的第一個振動諧波在肝經，頻率最低，第二諧波起依序為腎經、脾經、肺經、胃經、膽經、膀胱經、大腸經，振動的頻率漸次增高（王維工，2007）（如第三章**圖3-1**）。

　　但是，到了靜脈端，能量已幾乎消失殆盡。所以靜脈內血液的流動主要是靠著防止血液回流的瓣膜，配合「規律有節奏」的肌肉活動以及胸腹間的呼吸，把血液從一個瓣膜，推到下一個瓣膜，最後將血液擠壓返回心臟（王唯工，2007）。所謂的「規律有節奏」，就是固定的振幅與頻率。

　　為了節省能源，人體的循環系統選擇將70%的血液放在靜脈內，其他30%的血液才分布在所有動脈血管內。靜脈「規律有節奏」的肌肉活動與呼吸，是維持血液循環健康的重要工作。因此，運動的目的是在身體的每一個地方產生一個與心臟相同效能與頻率的振動，透過共振，讓經絡循環重新分配。

　　此外，對身體來說，最大量的廢料便是二氧化碳（CO_2），人體要健康，除了養分能順利輸送，必須順利排除含有大量二氧化碳的酸水，酸水的堆積，便形成我們所俗稱的「水腫」。酸化水腫是人老化的第一步；要戰勝老化就要守住酸化水腫的第一道防線：讓身體細胞獲得足夠的氧氣。換句話說，「缺氧」是所有疾病的源頭（王唯工，

2010a；張安之、莊一全、曾棋南，2016）。因此，激活血循環，透過「氣血共振」，排除大量酸水，是高齡者健康養生的重點。

二、振動與生物共振波

(一)波與共振

討論生物共振波時，先簡單說明波動、振幅、頻率與共振點的定義。

◆波與振動

「波」是粒子的對應物，當粒子處於「波」的模式時，會產生一種規律的運動方式，在兩個點之間搖擺或振動。波與振動是物理信息在空間上傳播的一種物理現象，大部分的波（如機械波）都只能在介質中傳播。波在固體介質中的波速最高，液體次之，氣體最小。溫度越高，波在介質中運動的速率越快，傳遞波的速度也越快。

透過規律的運動，就像人體內重新升起太陽，讓腎臟重新充滿朝氣，讓我們的身體在充足腎陽的照耀下溫度上升，濕氣蒸發。這樣一來，血液流動自然就暢快，體內臟器的供血量又恢復了，自然健康起來，正所謂「溫度決定生老病死」（馬悅凌，2015）。許多運動都非常強調暖身運動，就是希望在運動前，讓生物體內波的傳輸管道可以柔軟溫熱，以加快能量波的輸送。

◆振幅、頻率與共振

「振幅」是在波動或振動中距離平衡位置或靜止位置的最大位移，也就是系統振動中最大動態位移。「頻率」（frequency）又稱周

波數,是單位時間內某事件重複發生的次數,單位為赫茲(Hz)。所有物質的波動都會產生能量,並根據物質的單位體積與波的振幅決定能量的大小。

振動或律動是自然界所有生命體的能量轉移形式,任何一個物理系統在特定頻率的引發下,以最大振幅做振動的情形,稱為「共振」,該特定頻率稱為「共振頻率」。該系統一旦產生共振現象,可使能量增強或加速能量轉變的形式,稱為「生物共振波」。在共振頻率下,很小的週期驅動力便可產生巨大的振動(維基百科,2021a)。

(二)生物共振波對身心健康的助益

氣與血都是一種能量的形式,氣至血至、氣行血行,共振是人體氣血能量的原動力(王唯工,2007)。生物共振波對身心健康的助益包括:

◆使能量加大、加速、轉型

能量是人體生長、活動、維持體溫、與各種生理運作所需。溫度越高,波在介質中運動的速率越快,傳遞波的速度也越快。生物共振波首先造成能量加大或加速、轉型,激發組織細胞分子,帶動體溫上升,產生「熱效應現象」。人體含有水分,占身體容量的百分七十,透過熱效應,可以活化人體細胞。水在人體內也會因體溫的微升,使大分子的水變成小分子的水,更容易滲透至各組織細胞之間,使細胞的活動更活潑。這就是為什麼很多醫學專家,提醒高齡者維持身體「溫度」的重要性(馬悅凌,2015)。對高齡者而言,以持續、規律的身體軀幹與四肢擺動,引發生物共振波的運動,是提高身體溫度最好的方法;激烈的運動反而會讓經絡不舒服(武國忠,2009)。

◆促進血液循環與新陳代謝

　　能量加大所產生的熱效應現象，可以促進血液循環與新陳代謝，王唯工教授（2007）認為，人體內能量的傳送主要是經由心臟血壓波動與其他器官之間的「諧波共振」來達成，人體的生理運作就像一篇樂章，而「氣」就是其中的旋律，「共振理論」是血液循環最合理的解釋，稱為「血液共振理論」。事實上，血管中流動的血流是「被諧波擠入各器官中」。這些觀念與中國老祖宗「穴道與養生」的概念完全一致。

◆激活末梢神經功能

　　高齡者在神經系統上的退化以「末梢神經」最為明顯，人體神經系統的末梢神經分布在全身表皮與各器官組織，一旦生物波共振能量加大，就會激活末梢神經，增進訊息的傳導功能。使各組織細胞活動更加靈活，減少肩、腰、背、四肢的疼痛，避免產生神經衰弱或失眠情形。規律的振動讓身體內的液體和養分可以快速地到達每一個深層細胞，同時順利地排除代謝的廢物。

　　身體內血液循環的順暢流動，順利供給養分、氧氣，排除代謝廢物，不僅關係到身體細胞與組織的健康，也與心理健康息息相關。順暢的血液循環幫助高齡者維持情緒的平衡與心理健康，一方面增加體內許多神經傳導物質和荷爾蒙的分泌，包括生長激素、多巴胺、男女性荷爾蒙、血清素；一方面降低因為壓力所產生的皮質醇（cortisol）濃度，減少身體神經緊繃的情形，甚至能減少失眠、焦慮程度。其中，皮質醇也稱「壓力荷爾蒙」，根據研究，中高齡者血液中過高的皮質醇濃度可能導致大腦的萎縮（Haridy, 2018）。

三、律動為用的高齡健康養生技巧

真正的養生保健，是讓身體隨著自然的節奏而波動（武國忠，2009）；中高齡者的健身運動以身體四肢的搖擺、振動為主，只要能產生「與心臟同步」的振動，就能形成體內和諧共振的波動（王唯工，2007），讓我們的身體回到原本最自然的振幅與頻率，讓身體器官與細胞的能量場順暢、平衡。一旦體內形成和諧共振的波動，血管中的血液便可以自然地被諧波擠入各器官中，才能把氧氣順送送達器官的細胞中，並順利地帶走二氧化碳。

目前也有高齡者體適能研究者以「彈力棒－flexi-bar」為全身振動運動介入的工具，參與高齡者每週進行一次60分鐘的全身振動運動，連續12週，結果顯示，參與者在12週運動之後，不僅肌肉骨骼不適疼痛症狀明顯減少，體適能的表現也明顯提升（丁詠姍，2019），就是一種「律動輔療」的應用。

能量醫療是刻意使用某一種頻率影響另一種頻率，讓有機體恢復平衡。透過聲、光、電流、磁性等物理介質，脈輪與寶石的旋轉應用，雙手引導，經絡通道的拍打、按摩，氣功推拿，冥想，四肢或身體的搖擺，都是為了讓體內的能量順利、流暢、重新達到平衡狀態。

本節以高齡者的自我療癒、健康養生為主，因此以經絡拍打、身體搖擺與垂直振動為主要介紹內容。

(一)以經絡拍打引發能量的共振

傳統中醫與能量醫療都相信經絡是能量的通道，是光的路徑。身體的經絡奇經八脈都是精微能量的通道，有如河流遍布全身，經絡的疏通確實可以讓人體能量達到平衡狀態。常用的穴位按壓手法很多，

其中以手掌、棍棒拍打，以指尖點扣、敲打穴道等最方便，也最常有人使用，能讓身體氣血順暢循行，讓身體能量達到平衡狀態。

李承憲博士設計的「捶打或拍打丹田」，即是透過拍打身體下丹田的關元穴（屬於任脈），引發能量的流動達到平衡。一方面讓下丹田溫熱，讓身體達到水火既濟的狀態，消除現代人常見的頭腦昏沉的倦怠感，讓大腦清晰，一方面增加人體神經傳導物質「多巴胺」的分泌量，提升身體的免疫力。李博士的「足部律動」，是透過腳趾相互拍打，激活足部有關腎經、脾經與肝經的許多穴道，足部律動可以把身體的能量帶往身體的下半身，對喚醒身體機能有很大幫助，是大腦和身體協調的重要練習，也有助於高齡者身體廢水的排泄。

毛井然、陳江全（2007）根據多年的能量醫療經驗，也非常鼓勵穴道養生保健之道。全身有361個穴位，身體或四肢如有異常的痠、痛、麻、僵、痿、痺的徵兆時，只要對該部分做15-20分鐘的平衡調節，病痛就能在數日內消退。經常使頭部補充能量，可以改善聽力、視力、脫髮情形，言語與動作可以更加伶俐，記憶力與反應力也會隨之提升，是高齡者常保青春、健康體能的正確養生之道。

(二)以肢體持續性搖擺引發能量的共振

針對現在很流行強度大的筋骨和肌力訓練，武國忠醫師（2009）表示，肌力訓練經常做到筋疲力竭才罷休，對身體健康的助益不大；事實上，筋疲力竭的時候，人體的經絡是很不舒服的，對高齡者的五臟六腑都是一種傷害。讓身體不用力、不耗費氧氣，最小幅度的使用ATP，產生最少二氧化碳廢氣的運動。正是所謂「氧氣賺得多、用得少」，就是最好的有氧運動（王唯工，2010a）。例如香功、甩手功、外丹功，以及本書所推薦的全身律動，都是非常好的有氧運動。

高齡者體適能活動設計與引導實務
——能量與律動共舞、高齡更健康

　　李承憲博士（Lee, 2008）設計的「頭部律動」，武國忠醫師的
「抖十指」，也都是透過身體軀幹、四肢的搖擺，讓身體器官細胞回
到原有的振幅與頻率。練習「頭部律動」時，無論採取站姿或坐姿，
只需要閉上眼睛、頭頸部輕前後擺動、左右擺動或像無限大（∞）一
樣的擺動，3-5分鐘就可以讓身體放鬆，感覺大腦再度充滿氧氣，感覺
神清氣爽。

　　四肢末端是經絡的末端，十二條經脈上的大穴、要穴也全部集中
於四肢，因此，四肢是與臟腑息息相關（武國忠，2009）。無論是香
功、甩手功、外丹功、顫手功，都是透過手臂的搖擺，帶動胸部及肩
部的肌肉；人體胸部與肩部的肌肉都與肺臟、心臟有關，這些肌肉健
康了，心肺功能也跟著提升了（王唯工，2010a），因此，這些運動
都是很好的有氧運動，可以持續引發身體「有氧性能源」（賴金鑫，
1993）供給，對高齡者心肺耐力的訓練才有益處。但是一定要在空氣
好、乾淨而氧氣又多的地方練習，才能增加身體的氧氣。

(三)以垂直振動引發能量的共振

　　振動醫療依照振波移動的方向，將振動分為垂直振動與水平振
動。「垂直振動」是透過振動，造成一種快速上下來回的沖擊力量，
這種上下的推力一旦形成共振，便能引發身體細胞層級的改變，是一
種「等速度週期性運動」（簡志龍，2013）。進行垂直振動時，人體
會透過骨頭、肌肉與脊椎來傳導振動所產生的推力，因此會刺激到全
身的骨骼、肌肉和神經系統。

　　目前已有很多研究證實，垂直振動對身體健康有多種益處，包
括：增加血液循環及肌肉溫度、刺激身體荷爾蒙的分泌、提升骨質密
度、增加血管中一氧化氮含量、增加關節穩定及平衡感。也有許多醫

院開始使用全身垂直律動機，協助病患預防或改善糖尿病、骨質密度、帕金森氏症等慢性疾病，許多體能選手也以垂直律動作為身體鍛鍊的方法。

垂直律動對高齡者的骨質密度確實很有幫助，人體骨細胞與脂肪細胞的母親都是間葉系幹細胞（mesenchymal stem cells），這些幹細胞負責人體許多器官及組織的修復與再生，隨著年紀的增長，間葉系幹細胞數目減少，生物體便逐漸老化。當間葉系幹細胞生成骨細胞時，就不會生成脂肪細胞。上下垂直振動的機械刺激，可以刺激間葉系幹細胞，改變分化的途徑，增加造骨細胞，抑制脂肪細胞的路徑（簡志龍，2013）。至於「全身週期性加速運動」（WBPA）則可以提升血管內一氧化氮（NO）分泌量。透過全身性從腳到頭每分鐘140次以上的速度與加速度的垂直振動，可刺激血管內皮細胞分泌更多的一氧化氮（簡志龍，2013），讓血管鬆弛，增加血流及氧氣的灌注，保護血管。

例如，筆者因氣血循環不佳，所以經常監控自己的血氧。平時閱讀工作時，血氧量通常只有93-94%，只要如實的練習「全身律動」20分鐘後，含氧量可以達到97-98%，而且屢試不爽；簡單的全身律動已完全改變我的生活。

(四)全身性律動是最好的大腦自我訓練

藉由身體自然的擺動，引發身體器官之間的「諧波共振」，讓我們在緊張或忙碌的情緒下，快速找回身體振動原有的振幅與頻率，是一種「順勢療法」（Homeopathy）的概念（韓沁林譯，2014；Gerber, 2001）。人類大腦有三個層次（如圖6-1），現代人整日忙碌，大腦的皮質層終日喋喋不休，經常處於高頻率的 β 波。「邊緣系統」經常

處於警戒狀態，也嚴重阻礙了「腦幹」的基本生命功能，這就是導致現代人「心身症」的主要原因。透過身體自然的擺動，引發身體器官之間的諧波共振，能讓我們暫時放下大腦皮質功能，啟發我們「舊腦」，也就是「腦幹」的功能。讓大腦的三個層面能各司其職，充分發揮自己的功能和能量，我們的潛意識也能夠順利地與意識部分和諧共處。受到心身症所苦的朋友們，只要經常透過簡單的身體律動，讓身體回到原來的振動頻率，讓大腦充滿氧氣，就是最好的大腦自我訓練。

　　不管是練習香功、甩手功或全身律動，要不斷地把意念放在腦幹的位置，激發我們大腦最原始、最自然、最基礎的生命存有功能，喚醒我們天生的自我療癒能力。目前第三波治療（The Third Wave Therapy）許多研究也證實，人際互動、外在情境與刺激、各類藝術活

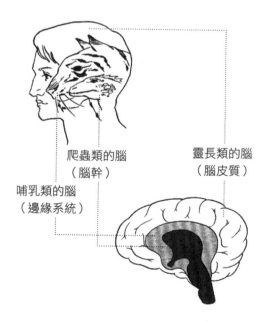

圖6-1　人類大腦的三個層次

資料來源：Lee（2008）

使頭腦保持微涼

使心胸保持平靜

使下腹部保持溫暖

水

火

水火既濟的原理

圖6-2　拍打溫熱丹田達到水火既濟的功能

資料來源：徐若英譯（2006）

動的參與、體驗、實作等，都可以重塑大腦、促進心理認知功能，引發大腦的改變（Naji & Ekhtiari, 2016）。全身放鬆的律動練習，因為完全專注、放鬆，心智會變得清明，可不斷地對自己發送正向訊息，是最好的大腦自我訓練的方法。對於大腦彈性逐年降低的高齡者，更具意義。

　　我們的身體是一個有智慧、完整的系統；我們常因為自己的工作、心智模式，要求身體配合我們，甚至想要改變我們身體自主營運的腳步，導致紊亂的生理心理系統，引發心理障礙與各種心因性疾病。今天很多現代人的身體常常出現斷裂的情形，例如潛意識跟意識之間缺乏溝通，甚至相互抗衡；左右腦的能量缺乏交流，身體經常處於直流電的狀態，容易有疲倦感；很多長輩把自己的心封閉起來，內在的能量因此無法與外界連結，心理經常處於精神能趨疲（psychic entropy）的狀態等，都會導致身心俱疲。

　　「身心能量的妥善管理」是每一位現代人的功課，體內和諧的生物共振波有助於大腦三個層次的和諧共同運作，如何激發體內和諧的生物共振波，讓每一個大腦細胞充滿氧氣，是現代高齡者健康養生的重點。

討論焦點

1. 根據您的閱讀，一般健康者身體的溫度與健康有什麼樣的關係？請舉個例子來說明。

2. 對身體來說，最大量的廢物是什麼？健康的人如何做才能夠順利排除這些廢料？

3. 根據王維工教授的研究與論述，運動的目的是在身體的每一個地方產生一個與心臟相同效能與頻率的振動。這種健康養生的觀點與前一章所說的經絡養生有哪些相同之處？又有哪些差異呢？

4. 生物共振波一旦產生，對我們身體健康有哪些影響？請簡單舉兩個例子說明。

5. 根據研究，垂直律動為什麼可以提升人體的骨質密度？請簡單說明其運作機制。

Chapter 7

高齡者體適能活動規劃與教案撰寫

一、高齡團體活動的規劃理念

二、高齡者體適能活動設計的原則

三、高齡者體適能活動模組或方案的撰寫

四、高齡者體適能活動模組規劃的範例

高齡期個體之間的個殊性是人生各階段最明顯、個別差異最大的階段。因此任何一套健康操,任何一個體能活動,都需要有不同的組合、不同的配套,才能適用於不同身心狀態、在不同環境中學習的高齡者。從**圖7-1**可以看出台灣目前高齡者社區照護機構類型的多元化,從以照護為主的護理之家,到強調自我學習的銀髮俱樂部、樂齡學習中心,每個機構內的高齡者幾乎都橫跨了初老至老老期的高齡者。同一種機構內的高齡者除了認知功能的差異外,身體動能上的差異也非常明顯。

　　以住民同質性最高的護理之家為例,即使都是嚴重中風的高齡者,不同年齡、不同人口背景的高齡者對於機構所安排的團體遊戲、復健活動,都有不同的接納態度與回應方式;更遑論目前大力擴展服務的日間托老中心、各級長照據點、社區照顧關懷據點、失智社區服務據點等社區化的照顧服務(秦秀蘭,2019b)。這些據點的快速推展,大大的增加社區高齡者體適能活動的複雜性。

　　本章以目前各類社區高齡照顧機構、據點或老人中心,體適能活動設計與帶領技巧為主軸,說明高齡團體活動的規劃原則、單次活動教案的設計與撰寫。

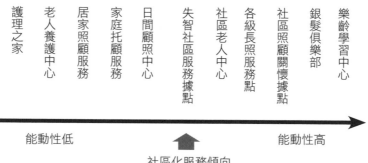

圖7-1　高齡者多元社區照顧服務環境

資料來源:秦秀蘭(2019b)

一、高齡團體活動的規劃理念

　　無論是暖身類、社會互動類、益智類、體能類、生命回顧或競賽類活動，高齡團體活動的目的，都在提升參與長輩們的身心健康，讓生活更精彩。高齡領域的教學講師，需要先瞭解老化過程中，高齡大腦的改變、高齡期個體心理與人格可能產生的變化；以及高齡期個體為了克服老化、適應日常生活，維持健康的生理、心理狀態，在心智與生理上需要努力的重點。並為他們「量身訂做」，設計有益於他們身心健康成長的活動。

高齡活動規劃者應有「正向」的思維

　　規劃高齡團體活動時，活動規劃設計者的「思維」是影響整體活動設計的關鍵因素。成人與高齡學習過程中的知識傳遞，通常都屬於「默會知識」或「隱性知識」（tacit knowledge），它鑲嵌在個人頭腦裡，很難單純用口語表達清楚，而是透過非正式形式、透過面對面的肢體互動、眼神、實作來傳遞。因此，活動設計理念的描述，其實是活動設計引導者的教育觀點、哲學理念的展現或描述。

　　活動規劃設計者個人的特質、對高齡教育的認知、教育觀點，既決定活動的內容，也決定活動引導的態度、活動氛圍，自然而然會影響參與長輩的學習意願與心理感受度。期待高齡活動規劃設計者能擁抱「積極」的思維，從開展的觀點出發、從學習者的角度來設計高齡者活動。

◆從「開展」的觀點出發

　　隨著年齡的增加，高齡者在身體機能與生理能量，確實有明顯的衰弱情形；情緒調適與心理能量的流動上，也逐漸缺乏彈性。身體的

衰老、時不我予的悵然，加上疾病悄然來襲，多數高齡者的自信心都不如年輕時期。然而，經濟與教育水平的提升，新一代的高齡者普遍對自己充滿期待、渴望學習。因此，目前全球高齡學習規劃已逐漸以「開展觀點」，取代過去「彌補式」的高齡教育理念。

例如，過去高齡團體活動設計或教案的撰寫都是從彌補的觀點出發，例如延緩衰老、降低跌倒機率、降低失智症發生率、減少憂鬱或避免憂鬱等，目前則傾向從「開展觀點」來思考，例如：提升高齡者身體與心理能量、擁有心盛（flourishing）狀態、達成創育性使命、增能學習、追求靈性健康、自我實現等。高齡學習的任務不只是延緩身心老化，而是為高齡者增能，從「活躍老化」轉為「生產老化」，以提升高齡者身心的「能動性」。

◆ 從「高齡學習者」的角度出發

目前「高齡照顧」與「高齡學習」之間的鴻溝正逐漸縮小，高齡「學習機構」紛紛結合照護的概念，開設各類體適能、營養保健等健康促進類課程。高齡照顧機構或據點的課程規劃，則多了許多「學習成長」的內容。這反映了Jarvis所提倡的終身學習概念：終身學習應該與個人終其一生的角色轉化完整結合，透過學習才能展現生而為人的道德與天性。高齡學習不再是一種福利，也應該是一種權利（right）與義務（duty）（摘自秦秀蘭，2019b）。

由於高齡者特質的多元與複雜性，高齡學習的內容規劃、講師培訓養成、教材的設計與開發等，都是重要且亟待發展的領域。在教與學的過程中，活動引導者或講師必須扮演一種「媒介」，講師或引導者必須透過轉化歷程讓高齡者懂得照顧自己的知識，並把這些知識轉化為自我照顧的行為。此時，課程規劃或活動設計，不能單從教學者的角度出發，而是從高齡學習者出發。在教學內容設計上要掌握

Malcolm Knowles所說「經驗學習」、「知識的直接應用性」對高齡學習的影響;在教學目標的設定上,也要從高齡學習者的角度出發。

◆強調「體驗」全心投入

Fike（2018）針對目前高齡教育與高齡身心成長需求之間的鴻溝,提出一些呼籲。他認為,為了適應日常生活,擁有幸福的高齡生活,新一代高齡者學習、成長的任務包括:(1)能全心活在當下、找到生活目標;(2)經濟無虞;(3)身體的能動性;(4)過好每一天的生活;(5)基本照顧的可近性;(6)照顧的適切性;(7)維持大腦的健康;(8)有品質的臨終生命等。其中,「能夠全心活在當下」是高齡者擁有身心靈健康生活的基礎。

筆者非常認同Fike教授的概念,高齡者專注與注意力的維持對日常生活的影響無所不在,這也是目前正向心理學與正念療法所強調的「正念」（mindfulness）。高齡期因為大腦結構的改變,導致專注與注意力不足,也讓高齡長無法專注、無法投入於當下的學習,並逐漸引發認知功能的障礙。因此,無論哪一類的高齡課程或活動設計,都必須引導參與者透過體驗、全心投入,覺察自己的身心狀態,才能真正對高齡者的身心健康造成影響或改變。

二、高齡者體適能活動設計的原則

高齡者體適能也稱為功能性體適能或銀髮族體適能,是高齡者擁有自我照顧,並增進良好生活品質所必要的健康體適能。體適能的衰退,會導致高齡者日常生活功能退化,因此,規律運動、維持適當的體重,有足夠、適當的運動,對高齡者的身心健康、日常生活適應,都非常的重要。

　　近十年來，有相當多的研究在探討高齡者體適能介入對身心健康的影響，介入的模式包括：懸吊式運動、體智能、多功能性的運動課程、振動訓練、椅子健康操，甚至是結合認知訓練的健康操等，可見，高齡體適能的運動介入類型愈趨多元化，且普遍以「團體」方式來進行。

　　無論哪一類的團體高齡體適能活動，規劃設計時都應該依循FITT原則，掌握安全性、漸進性、均衡性、彈性化，同時兼顧活動內容的趣味與效果（衛生福利部國民健康署，2021；李佳倫、鄭景峰，2010；邱柏豪，2019；周嘉琪、胡凱揚、張鼎乾，2011；簡盟月，2021）。

(一) FITT原則

　　FITT原則是各年齡體適能設計的最高原則，F代表每週運動的頻率（Frequency）；I代表運動的強度（Intensity）；T代表運動所持續的時間（Time）；最後一個T代表運動型態（Type）。例如，以健身為主的人可能安排每週五天或更多天的中等強度運動，或者安排每週三天的高強度訓練，全視運動者的體能與訓練目的。

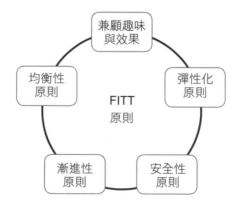

圖7-2　高齡者體適能活動設計的原則

高齡者體適能活動也需要依照自己的體能狀態，選擇適當的運動方式與強度，維持每週至少五天的運動頻率。體能較佳者以中高強度的運動為主，體能衰弱的長輩則以低強度的運動為主。高齡者的衰弱以心臟血管系統的老化為主，因此，建議以不需要器材、可以自行複習、持續練習的運動為主。例如，以有氧律動為主要運動方式，天天練習；再加上一種可以在家自行練習的肌力鍛鍊，才能符合高齡身心健康發展的需求。

(二)安全性原則

　　除了FITT原則，「安全」是所有高齡活動設計的第一考量。高齡期個體之間的異質性非常大，許多內在的疾病都無法由外表來判定，高齡者從事運動時，有很多掩藏的風險。事實上，有一半以上運動中猝死的個案是原先就有心血管症候。因此，團體式的高齡運動設計要從低強度的開始，視體能再慢慢增加強度，務必在活動前進行簡易的體能篩檢。例如，70歲以下長輩可使用新版的「身體活動簡易自我評量表」（PAR-Q+），依序瞭解高齡者個人「基本健康狀況」與「慢性病狀況」（簡盟月，2021）。至於70歲以上者，都應該先詢問是否有心血管疾病史，並從低強度的運動開始。

(三)漸進式原則

　　目前各類高齡者體適能活動都採「團體」方式進行，個別高齡者的體能差異極大，活動設計務必採取漸進性原則。即使是簡單的轉頭動作，都可能引發長輩的暈倒、受傷。筆者曾經目睹長輩在講師帶領下，轉動頸部、拉筋放鬆，一位長輩轉動第二圈時便向後倒下，緊急

送醫。在社區各類據點教學時發現，部分長輩相當好強，再難的動作都想一次到位，講師們務必留意觀察長輩們的心理狀態。即使是簡單的動作，都必須循序漸進，從較低的強度開始，再逐漸增加強度。除了避免嚴重的傷害或意外，也可避免參與者的挫敗感。

(四)均衡性原則

高齡者體適能的內涵除了身體組成、心肺耐力、肌耐力、柔軟度，還必須加上敏捷度與平衡力；因此，高齡體適能活動模組的設計必須是全方位的，要能兼顧高齡者的生理、心理與社會性需求。活動模組的單元設計必須包括上述六個面向的訓練，例如體能訓練、認知訓練、反應力訓練、互動遊戲等。此外，模組活動的教學通常連續進行12週，每次2小時；每一次活動訓練都應該儘量多元、均衡。除非以輪椅代步的長輩，否則不宜2小時完全採取坐姿來活動。

(五)彈性化原則

彈性化，是強調活動設計要隨著參與長輩不同的身心狀態來調整，活動模組的動作設計建議分為基本與進階動作，由講師或指導員依參與長輩身心狀況來選擇動作，並納入不同單元活動。此外，也要顧及長輩的個別化需求，在運動的強度、運動姿勢上做調整。例如，進行站姿的下肢肌力訓練時，衰弱長輩可站在椅背後方，手扶椅背來運動，並多鼓勵他們，一樣可以達到下肢肌力訓練的效果。

(六)趣味、效果兼具原則

團體體適能活動要有趣味性，才能吸引長輩持續參與、主動自行

練習；但是，除了趣味化，也要漸次增加運動強度。運動訓練者通常都很重視「超負荷」的訓練原則，例如，要增進手臂的肌肉適能，就必須進行更重磅、持續時間更長的肌耐力訓練。團體式的高齡體適能活動自然不容易做到超負荷的訓練，但是仍然要留意運動內容的有效性。此外，每一次上課都要安排長輩可以回家自行至少10分鐘的練習動作，並於下一次的課堂上鼓勵他們、給予回饋，才能真正提升高齡者的體適能。

老年人的肌力、敏捷與動態平衡狀況越好，參與日常生活中的工作及身體活動的頻率越高，然而，目前多數高齡者以坐姿活動者居多，其次為走路、輕度、中度、激烈和肌耐力運動，身體的活動量普遍不足，是目前高齡照顧、高齡體適能鍛鍊必須留意的。目前研究已證實，即使是體能虛弱的高齡者，提升「身體功能」仍然是唯一且最重要的改善策略（方進隆，2019）。

三、高齡者體適能活動模組或方案的撰寫

針對教學活動內容的設計，過去通常稱為課程或方案規劃。「課程」是指一系列結構化的活動或歷程，一般高齡教育因活動內容結構較為鬆散，多數稱為「方案」規劃或設計。由於高齡教育和社區高齡長照服務的普及化，高齡活動逐漸發展、成熟，具有完整的結構與延續性。因此，越來越多的活動設計者以「活動模組」或「方案」來稱呼經過詳細規劃、具結構化的系列活動設計。例如經衛福部核准後的預防及延緩失能照顧方案，都屬於活動模組，經培訓合格的講師則稱為「模組講師」。

此處以團體式的高齡活動模組或方案為例，說明一份完整的活動模組應有的內容。

(一)高齡團體活動模組或方案的要件

一份完整的高齡團體活動模組的規劃，至少要包括：教學理念、教學（或活動引導）方法、活動模組的單元規劃，以及每一個單元的活動流程設計等。

◆教學理念

教學理念主要在說明課程或活動設計者的理念、想達成的任務、目標、活動進行的主要方式、本次活動可以為參與者提供的助益等。可依照活動的類型來闡述，針對高齡參與者的身心或健康需求，說明活動設計希望達成的效益。例如：透過身體律動增加大腦細胞含氧量、透過展演鼓勵高齡者發展創意、透過手作促進手指末梢神經、透過祖孫手作陶藝促進代間互動等。

◆教學（或活動引導）方法

教學或活動引導方法可包括：參與對象的特質、年齡層的介紹，不同身心狀態者適用的引導內容、活動場地的安排、座位的安排以及引導方法。例如：講述法、個別學習、小組討論、個別體驗、團體討論、團體競賽、分組活動等。

◆活動模組的單元規劃

活動模組或方案是指具結構化、經妥善設計，並持續進行12週以上的一系列活動；每一次的活動時間為60-180分鐘不等，但一系列的活動都導向同一組的目標。因此，12個或12個以上的活動單元之間，要有基本、共同的教學理念，單元之間也必須有次第、有連貫性。

◆單元活動的流程設計

　　「單元活動的流程設計」則是指單一次活動的活動流程設計，每一次的活動時間為60-180分鐘不等，可依活動執行單位所提供的服務時間來調整。

(二)以「同心圓」整理活動模組的規劃內容

　　在規劃活動模組時，可以利用簡單的「同心圓」來整理設計理念與目標、教學方法、單元規劃等。同心圓的圖形有很大的擴充性，剛開始只需要用三層式的同心圓來整理自己的規劃概念（如**圖**7-3）。並在圖形下方逐一書寫、說明，就可以順利、完整的呈現該課程活動設計的架構。

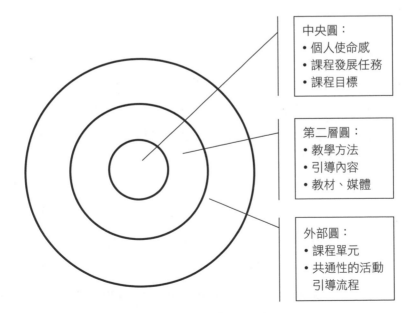

圖7-3　同心圓的運用示意圖

1. 中央圓：可視為活動設計者的中心思想，屬於「Why」的層級；可呈現個人的教學使命、課程或本次活動的任務、活動的目標等。

2. 第二層圓：可視為活動的執行方法，屬於「How」的層級，可呈現本課程或活動模組的教學或引導方法、最適當的參與人數、重要的引導內容、可能使用的教材等。

3. 外部圓：可視為活動的執行內容，屬於「What」的層級，可呈現課程單元、重要的活動流程等。

(三)單次活動的內容與流程設計

一個好的單元活動設計至少要包括：活動目標、活動流程、時間安排、預計使用的教材媒體等幾個部分。

◆活動目標的設定

無論課程目標或單次活動目標，都必須從「學習者的角度」出發，並依照參與者的生理與認知狀況來擬定目標。設定活動目標時，可以統一用「學員」來稱呼，並分別描述學員在活動參與後，在知識（或認知）、情意（或態度）和技能等三個面向，能夠有哪些獲得或改變。

例如，希望學員在活動以後能夠回憶課堂中講師帶領的活動中，兩種以上的動作，屬於知識（認知）方面的目標；希望學員能養成每天在家自行運動20分鐘以上的習慣，則屬於情意（態度）的目標；希望學員能熟練地跟著老師拍打丹田20次，則屬於技能的目標。

在目標的表達上，可以使用下列的公式（如**圖7-4**）來書寫，描述時要留意「主詞」與「行為動詞」的使用：

圖7-4　教學活動目標撰寫的公式

1. 主詞的描述：完整的活動目標描述，一定要有「主詞」。很多講師習慣從自己出發，例如：「讓學員養成每天在家自行運動20分鐘以上的習慣」，這是以講師為中心的目標設定。建議以學員為中心，改為「學員能養成每天在家自行運動20分鐘以上的習慣」，才符合成人主動學習的精神。

2. 行為動詞的描述：行為動詞的使用，可以參考**表7-1**所列三個面向常用的行為動詞。

   例如，上述三個面向的活動目標設定，以學員為中心，完整的書寫如下：

   (1)知識（認知）：學員能回憶今天講師帶領活動中兩種以上的動作。

   (2)情意（態度）：學員能養成每天在家自行運動20分鐘以上的習慣。

   (3)技能：學員能熟練地跟著老師拍打丹田20次以上。

表7-1　認知、情意、技能三個面向常用的行為動詞

學習面向	常用行為動詞
知識（認知）	知識、理解、記憶、討論、應用、分析、綜合、比較、評鑑、設計、問題解決
情意（態度）	注意、接受、反應、承諾、價值評定、評比、分享、行為養成
技能	知覺、熟練、模仿、創作、學習後的反應、適應環境的變化

◆活動流程的安排

　　活動流程設計是指一個單元的教學或活動內容，時間的安排從60-180分鐘不等。單元活動的流程設計必須依照學習者的生理和認知狀態來安排，是教師的基本知能。

1.單元活動內容的安排次第

　　本書根據研究和相關資料，將一般高齡團體活動分為四個類型（Behrndt, Straubmeier, SeidIP, Book, Graessel & Luttenberger, 2017）：

　　(1)社會性互動類活動：偏向靜態、暖身類活動，例如問候、寒暄等。

　　(2)感官體驗類活動：偏向動態的體適能活動、健康促進、各種肢體體驗活動等。

　　(3)認知類活動：如認知類學習、大腦訓練、專注力訓練等。

　　(4)手作或緩和類活動：如相對緩和、靜態的手作類活動。

　　德國從2017年開始，以全國日照中心認知障礙者為對象，進行非藥物治療計畫DeTaMAKS，該計畫將高齡照顧機構長態性、120分鐘的單次活動分為：社會性互動、感官體驗、認知、手作緩和等四個類型，四個活動時間安排和次第如**表7-2**，非常值得學習。其中，各

表7-2　高齡照顧機構常態性單元活動的設計建議

社會性互動類活動	10 min	聊天互動、當日日常生活談話
感官體驗類活動	30 min	肢體律動、平衡、感官覺察、身體移動、桌球、各種健康促進活動、遊戲等
休息	10 min	
認知類活動	30 min	聽說讀寫、各種認知遊戲、走迷宮、各種桌遊
手作或緩和類活動	40 min	日常生活技巧：烘培、園藝、下午茶、輕鬆的團體舞蹈

資料來源：Behrndt, Straubmeier, SeidIP, Book, Graessel & Luttenberger (2017)

種健康促進活動、肢體活動等，一定安排在認知類活動之前；先進行體驗性肢體活動，讓高齡者的末梢神經得以活絡起來，再進行認知類訓練。持續的搖擺、身體振動，可以促進高齡大腦分泌更多的神經傳導物質，才能提升認知、記憶類活動的效能。至於烘培、園藝、下午茶、緩和的團體舞蹈，可以安排在最後階段，屬於緩和活動。

根據大腦神經認知科學研究，高齡期大腦在老化過程中，情緒感受度彈性會逐漸降低，高齡者情緒一旦興奮後，比較不容易回復原有的平靜狀態。因此，主要體能活動或強度較大的學習之後，一定要安排適當的緩和活動，讓高齡者情緒平穩下來。

2.單元活動的流程設計

單元活動的流程設計就是一般所稱的「教案設計」，書寫時可以採用「主題式」活動設計或「三段式」活動設計。

(1)主題式活動設計：比較適合課程或活動內容較具結構性的活動書寫，120分鐘的活動內，可再細分為幾個小主題的活動。例如上述照顧機構常態性活動，除了簽到、寒暄外，110分鐘內可先進行40分鐘的「能量律動健康操」，歇息10分鐘後接著進行30分鐘「認知記憶大考驗」，最後則以持續製作的「竹籃編織」來結束。就非常適合「主題式」活動設計。主題式單元活動設計的撰寫格式如**表7-3**。

(2)三段式活動設計：不管總活動時間的長短，三段式活動設計都建議分為三個部分——暖身（破冰）、主活動、回饋與應用（如**圖7-5**）。

‧暖身活動：暖身活動也稱破冰活動，時間以5-15分鐘為宜，所謂的「暖身」包括講師（或活動引導人）與學員的準備。一般大家熟知的相互問候、瞭解高齡學習者的期待、座位與器材的安排等，都可歸屬於講師的準備；至於主要活動前的

表7-3　主題式單元活動設計的撰寫格式

設計者姓名：

活動名稱			活動時間	分鐘
學員背景	（身心狀態的描述）			
活動目標	認知： 情意： 技能：			
主題	教學活動		時間	教學資源
	（每一個主題再分點説明活動流程）			

暖身（破冰）
• 器材準備…
• 座位組別安排
• 學習準備度…

→

主活動
• 可分為2-4個主題
• 時間的掌握
• 講師安排、協同者
• 教材的呈現

→

回饋與應用
• 學習心得
• 學習成效評估
• 生活應用、練習
• 作業規劃

◆講師的準備？
◆學習者的準備？
◆學員輔助角色？

◆教學的主題？
◆學習的次第？
◆體驗？聯誼？

◆與生活的連結？
◆記憶成分？
◆感受度？

圖7-5　三段式活動設計的主要內容

小遊戲，或簡單的肢體柔軟操，甚至是上次作業的檢視、欣賞、回饋，則屬於學員「身心」的預備。

• 主活動：主活動是本次單元的核心，可再分為2-4個部分依序、分點書寫，說明教學步驟、教學時間、教學使用的媒材。

• 回饋與應用：回饋與應用可包括給予學員鼓勵、引導學員分享學習感受心得、回家練習、作業或下次活動自備教材的交代等。

三段式活動設計的撰寫可參考**表7-4**的格式，其中，「暖身活動」與「回饋與應用」兩個階段的合計時間，不宜超過總活動時間的1/3。

表7-4　三段式活動設計的參考格式

設計者姓名：

活動名稱		活動時間	分鐘
學員背景	（身心狀態的描述）		
活動目標	認知： 情意： 技能：		
教學活動		**時間**	**教學資源**
一、暖身活動 （講師的準備） （學員的準備）			
二、主活動 （可再分為2-4個部分依序說明）、（引導語） （越詳細越好）			
三、回饋與應用 （鼓勵、學員學習感受心得分享、作業交代……）			

四、高齡者體適能活動模組規劃的範例

　　此處以一個失智症長者心理照護的活動模組「花香律動與失智長者的自然療癒」為例，呈現活動模組設計理念，活動模組的執行方式，活動模組的單元規劃，以及其中一個單元的活動流程設計的範例。讀者可參考並自行添加內容。

(一)活動模組的設計理念

　　人類的想法、念頭是一種心靈的振動，無時無刻不呼應著外在環

境的變化。心靈意識就像一條河流，由外在人事物的刺激，逐漸形成自我觀念。透過律動的體驗、練習，鮮花、花精或精油所散發在環境中的頻率，讓身體的內呼吸、外呼吸都能與外部相呼應，一旦能夠達到「共振」，就能讓人慢慢找回原本屬於自己身體的自然頻率。

　　人的情緒好比洋蔥，一層層一瓣瓣的將歲月的痕跡包裹起來；通常要把表面層剝開以後，才能看到內部還有多少等待整理的情緒。在一層層一瓣瓣梳理情緒的過程中，沒有捷徑、無法速成，只能給予自然沒有批判的滋養、耐心的陪伴與等待，這就是精油或花精適合用來引導情緒或認知障礙團體的原因。

(二)活動模組的執行方法

1. 以團體方式進行，每一梯次參與人數以8-10人為宜。利用團體動力，讓參與者感受團員之間的互動與關懷。
2. 本活動參與者以亞健康或輕度失智長輩為主。
3. 本模組每一次活動時間為90分鐘，建議選擇在充滿綠色植栽、花香、放鬆的情境中進行活動。
4. 活動設計強調外在情境與個人情緒的互動，因此在花香能量的獲取上，採用精油、鮮花彩繪，不使用以食用為主的花精。
5. 活動安排有兩個主軸：
   (1)能量律動：以「能量律動健康操」的動作為主，輔以有趣的暖身活動。
   (2)花香療癒：選擇有益於大腦功能的療癒植物、抒壓放鬆的精油與高齡者可以自行運用的按摩手法。

7

高齡者體適能活動規劃與教案撰寫

(三)活動模組的單元規劃

本次失智症長者心理照護的活動模組「花香律動與失智長者的自然療癒」，共有12個活動單元，每一次活動時間為90分鐘。本範例刻意配合年度行事曆，將第10個、第11個單元調整為60分鐘，並將第9個、第12個單元延長為120分鐘，以補足整體活動模組的活動時間。讀者可參考，自行調整。

表7-5 「花香律動與失智長者的自我療癒」活動單元

	活動單元	重要教材媒體	活動方式
1	打開心窗說靚化	90分鐘、擴香機、輕柔音樂	分組活動
2	手指律動挑逗情緒腦	90分鐘、擴香機、輕柔音樂、薰衣草精油、玫瑰花精油	分組活動
3	玫瑰、玫瑰我愛妳	90分鐘、擴香機、輕柔音樂、玫瑰花瓣、按摩棒	個別體驗
4	薰香人生放輕鬆	90分鐘、擴香機、輕柔音樂、薰衣草、按摩棒	分組活動 團體分享
5	舒緩腦壓神清氣爽	90分鐘、擴香機、輕柔音樂、紫鳳仙花（或絲瓜花）花瓣、按摩棒	個別體驗
6	心智回春找回澄明心靈	90分鐘、擴香機、輕柔音樂、單方迷迭香、茶樹兩種精油、粉彩筆、卡紙、慢板律動音樂、按摩棒	分組活動
7	芳香花環我的最愛	90分、擴香機、輕柔音樂、複方精油（可依課程進行時間做不同的搭配）、6-8種花材、枯枝	個別體驗 團體分享
8	尋找安定心靈秘境	120分鐘、擴香機、輕柔音樂、複方精油（可依課程進行時間做不同的搭配）、粉彩筆、卡紙、慢板律動音樂	分組活動
9	彩繪鮮花—Fun輕鬆	90分鐘、擴香機、輕柔音樂、複方精油（可依課程進行時間做不同的搭配）、粉彩筆、卡紙、慢板律動音樂、鮮花五盆	分組活動
10	心穴芳香按摩喚醒休眠記憶	各60分鐘、擴香機、輕柔音樂、複方按摩精油（可依課程進行時間做不同的搭配）、按摩棒	團體互動
11	振氣芳香按摩喚醒心中太陽		團體互動
12	能量舞蹈律動深獲我心	120分鐘、擴香機、輕柔音樂、節奏明顯音樂、按摩複方精油	團體互動

127

(四)單元活動的流程設計範例

本節僅呈現活動模組第九個單元「彩繪鮮花─Fun輕鬆」的活動流程，並以「大綱式」的模式來書寫單元活動流程。

表7-6　活動模組的單元活動設計（大綱式）

設計者姓名：　秦秀蘭

活動名稱	彩繪鮮花─Fun輕鬆	活動時間	90分鐘
學員背景	亞健康或輕度失智長輩。 雙手可靈活移動者。		
活動目標	認知：活動結束後，學員能回憶課堂中彩繪的一種植物的名稱。 情意：學員能愉快的參與活動，並與他人分享自己的作品。 技能：學員能正確的跟隨講師練習頭部律動、捶打丹田、全身律動。		

教學活動	時間	教學資源
1.暖身活動 1-1採馬蹄形座位，坐姿。 1-2以複合式精油、擴香機、輕柔音樂，讓長輩身心放鬆。 1-3引導大家討論最近的睡眠情形。 1-4給每位長輩一滴薰衣草精油，用手心搓熱，先進行嗅吸，再按摩頭頸、手心、手背等。可邀請長輩或照顧者兩人一組，相互按摩對方的手背、掌心。 1-5按摩完，喝一口水。	10分鐘	擴香機 輕柔音樂 放鬆複合式精油： 基底油20毫升、薰衣草3d、澄花2d、佛手柑1d
2.主活動 肢體律動身輕鬆 2-1手指律動操（儘量採站姿） 2-2捶打丹田200下、全身律動200下（儘量採站姿） 2-3交叉爬行左右各50次（站姿或坐姿） 2-4如來神掌50次（站姿或坐姿） 2-5頭部按摩、上肢和下肢拍打（每側30次）（站姿或坐姿）	15分鐘 10分鐘	輕柔音樂放鬆 卡紙、粉彩筆 建議盆花： 仙客來（淺粉） 矮牽牛（深粉）

教學活動	時間	教學資源
【休息10分鐘,喝口水】 與花對話心放鬆 2-6準備五種小盆鮮花,讓長輩選擇自己喜歡的盆花。 2-7邀請長輩兩人一組,看花、聞花、與花對話。 2-8邀請長輩聊聊,看到這一盆花的心情,看到這盆花想起過去哪些事情? 2-9給每位長輩一張卡紙,邀請他們在紙上畫出花朵。 2-10閉眼休息——坐姿頭部腦波律動引導。	35分鐘	彩鐘花(紫) 海棠(黃) 瑪格莉特(藍)
3.回饋與應用——花之讚 3-1給每一位長輩滿滿的鼓勵。 3-2邀請2-3位長輩分享今天的感受、心得。 3-3請每一位長輩每天在家都要練習至少10分鐘的捶打丹田、全身律動和交叉爬行。	15分鐘	

淺粉仙客來	深粉矮牽牛	紫色彩鐘花	黃色海棠	藍色瑪格麗特

討論焦點

1. 活動規劃設計者的「思維」是影響高齡活動設計的關鍵因素,根據閱讀與學習,您認為高齡活動規劃者應有哪些正向的思維?

2. 撰寫高齡團體活動方案或活動模組時,一份完整的高齡活動模組,至少要包括哪幾個部分呢?請詳細說明。

3. 體適能是高齡者擁有自我照顧,並增進良好生活品質所必要的健康體適能;設計高齡者體適能活動時,應該掌握哪些原則?請各舉一例說明。

4.單元活動的流程設計可以採用「主題式」或「三段式」活動設計，請問「三段式」活動設計通常包括哪三個段落？三個段落分別應包括哪些內容呢？

5.如果想在一個120分鐘的單元活動內，安排「肢體活動」、「大腦專注力訓練」和「手作藝術」等三個小活動。請問這三個活動的先後順序如何安排比較適當？

Chapter 8

能量律動健康操的動作與引導技巧

　　現代能量醫學認為，健康是指身體器官與細胞的能量順暢流動並達到平衡狀態；反之，一旦器官或細胞的能量阻滯或不平衡，就會造成疼痛或疾病。人體體內健康的能量持續以「交叉模式」進行流動，任何人都應該認識自己身體各部位能量流動的情形，並透過簡單的方法，使停滯、受阻或低下的能量再次流動。也相信任何人都可以對深植於身體與心靈的能量模式進行重組訓練，只要每天固定做一組簡單的運動，就能建立並維持正面的「能量」，增強健康與活力（韓沁林，2014；徐曉珮譯，2016）。

　　換句話說，只要用對方法，對自己有信心，每一個人都可以維持正面的「能量」，每個人都有機會主導自己的健康，正所謂「信、願、行」。「能量律動健康操」以能量醫學的概念為核心，每個動作都是專為中高齡者所設計的簡單動作；讀者或講師們可以依照自己或引導對象的身心狀況，選擇適當的基本與進階動作，納入每日練習的功課。

一、預備姿勢部分

　　任何健康操的引導都要從正確「身體姿勢」與「呼吸方法」開始，維持身體良好姿勢時，肌肉放鬆、心情放鬆，讓身體骨架擺在中正位置，體內氣血能量自然順暢，避免身體酸水累積，是身體自然健康的根本之道。能量律動健康操預備姿勢部分以靜態的身體覺察為主，目的在打通身體的能量通道，建置身體平衡的能量場。

(一)覺察身體姿勢的重要性

　　為了引導自己或參與者透過當下身體狀態的覺察，瞭解自己身體的平衡狀態。肢體的覺察需要慢慢引導、慢慢體驗，才能讓參與者

「如實」地覺察到自己身體每一部分肌肉的張力，以及日常生活中姿勢的適當性。高齡者可能因骨質疏鬆、關節疼痛或工作損傷，導致不正確的坐姿或站姿，年輕人也可能因姿勢不良導致腰痠背痛、慢性疲勞，身體一旦失去平衡，自癒力就會慢慢消失，變得容易疲憊、免疫力下降等。體適能活動引導者在帶領運動時，要特別留意人體力學的原則，包括：背不靠椅、挺胸、縮腹、挺腰、提肛、收下巴、腳內八、用核心等。

(二)身體姿勢覺察的引導

因為年歲高，高齡者的身體常出現一些慣性的不良姿勢卻不自覺。因此，身體姿勢的覺察非常不容易進行，也不容易引導。每一次團體體能活動進行前，都要耐心地提醒高齡參與者，鼓勵他們自我覺察、改變不適當的站姿或坐姿，這是高齡教學工作者最重要的任務。

實際引導時，可使用下列的引導語範例。讀者可參考Feldenkrais「身體覺察」的概念，自行修改、添加。

身體姿勢覺察的引導語範例

1.現在邀請您以最舒服的姿勢站好，右腳向右跨一步，兩腳平行打開與肩同寬，眼睛先平視後放鬆、向下看。
2.接著，邀請您感覺自己的兩個腳板踩在地板上的感覺，感覺一下兩腳的腳趾頭是否都如實的與地板接觸？感覺一下有哪一個腳趾沒有接觸到地板嗎？試著調整一下，現在感覺如何呢？
3.接著邀請您吸一口氣，隨著空氣進入身體，讓頭部慢慢地抬起來。讓意念順著後頸部到肩膀、手臂，感覺一下兩邊肩膀和手臂的壓力如何？試著調整一下兩手擺放的角度；很好，再感覺一下，現在兩邊肩膀和手臂的壓力如何？
4.接著，慢慢地去感覺腰部的舒適度，試著把肚子往後縮一點點，現在感覺如何？

> ## Moshé Feldenkrais的動中覺察與身體智慧
>
> Moshé Feldenkrais（1904-1984）是在烏克蘭出生的猶太人，是一位物理學家，他以獨創的方式探究動作與身心的關係，開創了身心學（Somatics）三大學派中的「費登奎斯」（Feldenkrais）方法。主張動作是感覺的基礎，動作可以反應出當下神經系統的狀態。每一個人都可以透過當下身體狀態的覺察，開發我們的身體、心智及感官知覺。
>
> Feldenkrais的「身體覺察」概念開啟了神經科學與身心整合的新視野，其觀念與最近一、二十年才逐漸被肯定的神經可塑性（neuroplasticity）（洪蘭譯，2016）觀念完全吻合。所有體適能教學講師都應該詳細閱讀，相關資訊可參考《動中覺察》（*Awareness Through Movement*）（陳怡如譯，2017）、《身體的智慧》（*Embodied Wisdom*）（易之新譯，2017）。

二、能量律動健康操的動作設計

能量律動健康操動作設計有三個主軸：身體的規律振動、身體能量的維持與提升、核心與下肢肌力的鍛鍊等。所有動作分為基本核心動作與進階動作，實際練習時可依照參與者的身體狀態、練習時間的長短，調整順序，並可以站姿或坐姿來練習。

(一)基本核心動作

基本動作以「站姿」為主，每一個動作都是透過持續的振動，希望在身體的每一個地方製造一個心臟，讓身體儘快回到它原本的振幅與頻率。所有動作都非常簡單，只要持續進行5-10分鐘，就能激發身體的生物共振波。

◆打開腦開關——胸腹部能量連結

1. 右手和左手分別按摩胸部的俞府穴（K-27）與下丹田位置。

2. 雙手手指同時用力、按壓、轉圈，可進行4個八拍或30次後；接著左右手交換。

3. 整套健康操，只需進行一次打開腦開關，目的在使身體上胸部與腹部的能量能順利交流。

設計理念說明

「極向整合治療」認為我們的右手是正面或是給予的手，左手是負面或接受的手；能量流動從我們的「正極—給予」的右手，到「負極—接受」的左手（林惠瑟譯，2005）。在所有動作之前，做一回合的「打開腦開關」，將雙手分別放在胸前和丹田位置，輕輕按揉，就可以讓能量在兩者之間流動。

圖8-1　打開腦開關

◆頭部律動

1. 頭部律動是一種頭頸部的輕鬆搖擺，可採取站姿或坐姿進行。

2. 搖擺時有三種基本動作：左右擺動、前後擺動、無限大（∞）的擺動。以慢板進行為佳，可選擇60-70 BPM的音樂。

3. 站姿練習時，可先練習前後擺動。以脊髓為中心，頭部、頸部前後自然擺動。熟悉後再練習左右、無限大（∞）的擺動。

4. 如果只有3-5分鐘的運動時間，單純的頭部律動就能夠讓大腦再度充滿氧氣。如果運動時間長，可安排在相對劇烈的動作之後，作為緩和動作。

圖8-2　頭部律動三個基本動作

5.至於高齡者或長期久坐的朋友，建議先拍打丹田後再進行頭部律動，避免引起暈眩。

延伸閱讀

身體兩個最容易累積酸水的兩個地方是大腦與下腹腔（王唯工，2010a），成年人的頭部重量大約4.5-5公斤，相當於一顆保齡球的重量，可以想像頸部關節與肌肉所承受的壓力。一旦姿勢不正確，不僅壓迫到頸椎關節，也無法順利排除腦部的酸水，最後便形成肌肉僵硬、頸部關節水腫。例如，疲累或放鬆時會打哈欠，就是人體的一種本能反應；主要生理回饋機制則是協助頸部肌肉伸展，幫助大腦排除含有CO_2的酸水。

◆敲三處

1.敲三處包括腎經的俞府穴、胸腺、脾經的食竇穴（如**圖8-3**）。

(1)俞府穴（K-27）：是足少陰腎經穴絡脈中的最後一個穴位。

(2)胸腺：是T細胞的養成訓練場地，位於任脈膻中穴的上方。

(3)食竇穴（Sp-17）：食竇穴為脾經在胸腔的重要穴位，也稱為「命關穴」，脾經氣血由此回歸脾臟，是重要的淋巴反射點。

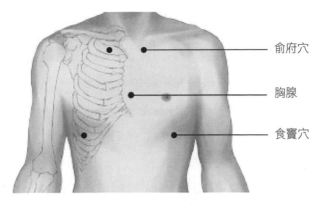

俞府穴

胸腺

食竇穴

圖8-3　敲三處的示意圖

資料來源：修改自蔡孟旋譯（2004）

2.以兩手指腹，依序敲打身體這三個能量點各50-100次，可提升免疫系統功能。至於食竇穴的敲打，也可以用小指側的手刀來敲打，效果更好。

認識身體淋巴系統

淋巴系統負責清理與淨化身體的組織液，淋巴結或淋巴腺分布在主要動脈附近的淋巴通路內，靠近鼠蹊部、腋窩和頸部的皮膚表層。淋巴結就像清洗室，能夠過濾淋巴液，破壞其中的外來分子。淋巴系統是由高度分化的淋巴器官和組織構成，包括胸腺、脾臟和扁桃腺。

1.胸腺既是淋巴器官也是內分泌腺，會製造特殊的淋巴球。它會分泌胸腺素，促進T淋巴球生成。
2.脾臟是人體內淋巴組織最密集的器官，能夠過濾血液、製造並儲存淋巴球。
3.扁桃腺是非常專門的淋巴組織，當細菌透過口鼻入侵呼吸及消化系統時，扁桃腺會發揮第一道防線的作用。

能量律動健康操中的敲三處、上下肢拍打、中丹田8字按摩等，都可以促進淋巴系統功能，練習時可多留意。

137

◆捶打、拍打丹田

1. 雙手握拳輪流捶打肚臍下方（關元穴）持續進行100-200。上班久坐的人，一次最好能拍打200下以上。

2. 握拳捶打後，可改成兩手張開，兩手手掌同時拍打丹田。兩手手掌同時拍打，可以透過「健側帶動患側」，幫助部分長輩克服單側手腳不靈活的困擾。

3. 拍打丹田可以協助身體的下丹田溫熱，達到「水火既濟」的狀態。

4. 對初學者而言，拍打丹田可作為暖身運動，避免全身律動時，大腦有暈眩感。

圖8-4　捶打、拍打丹田

動作說明

下腹腔正好是膀胱與生殖系統的位置，也是身體最容易累積酸水的地方之一，酸水必須順利地從腳趾排出去。所以，腳會臭、有異味的人是健康的，代表有能力把廢物排出去。對於部分長期久坐、以輪椅代步的長輩們，下腹腔的酸水幾乎無法排除；容易引發大小便失禁、下肢障礙、痔瘡、皮膚病等。可採取坐姿捶打丹田，讓這些長輩的下腹腔功能能夠提升，減少酸水的累積，效果非常好。

◆全身律動

1. 兩腳打開與肩同寬、全身放輕鬆，讓身體像彈簧一樣上下振動。練習時間從10分鐘開始，可以持續到20分鐘。

2. 初學者，練習全身律動時膝蓋可能過度用力，可以將一個12-14公分的瑜伽球夾在兩腿的膝蓋之間；柔暖、有彈性的瑜伽球可以引導學習者更放鬆的上下擺動。

3. 全身律動是最簡單的全身性放鬆，練習時可搭配音樂或自行數拍。不要在乎自己的動作，要完全的享受身體擺動所帶來的樂趣和放鬆感覺。

4. 全身律動屬於全身週期性加速運動，有助於血管內皮細胞釋放一氧化氮，讓身體肌肉組織放鬆，血管年輕。

圖8-5　全身律動

動作說明

「順勢療法」屬於能量醫學的一種。順勢療法認為當一種物質可以讓健康的人產生某些症狀時，就能用該物質來治療生病的人，亦即「以同治同」的概念（韓沁林譯，2014；Gerber, 2001）。當我們感覺到疲倦，大腦有紊亂感覺時，身體的振動頻率比身體健康時的振動頻率更快，此時，就必須以較快速度振動開始，例如120-180 BPM的速度，振動5分鐘左右，感覺全身放鬆了，可以降低速度，改以90-120的速度繼續練習至全身感覺舒暢為止。

◆原地踏步

1.兩手兩腳輪流抬起，手腳抬起時需跨越身體的中線。

2.雙手自由擺動，手掌輪流交互握拳。

3.雙腳腳板如實地踩地，讓身體的能量進行異側傳輸，所以也是一種交叉爬行的動作。練習時，可與交叉爬行交互使用。

動作說明

手部握力是生命力的代表，用力握拳練習讓血液循環在短時間內，受到壓迫後再放鬆。此時，血管壁受到比平時還強的刺激，可促進血管內皮細胞分泌一氧化氮，讓血管保持年輕。因此，原地踏步時，手掌務必輪流交互握拳，可以幫助手部末梢血液回流，對高齡者的心血管功能幫助極大。同理，慢跑者在跑步過程中，每隔一段時間可隨著跑步的節奏，輪流交互握拳，協助末梢血液回流，手掌就不會有腫漲的感覺。

◆交叉爬行

交叉爬行可以協助人體的能量進行異側傳輸，可依參與者的身體狀態，採取站姿或坐姿。

1.坐姿：

(1)左腿抬高並跨越中線，左手往側邊抬起，右手手掌輕輕拍打

圖8-6　坐姿交叉爬行

左邊膝蓋。

(2)換右腿抬高並往跨越中線，右手抬起，左手手掌輕輕拍打右
　　邊膝蓋，可持續進行8個八拍或持續100次。

2.站姿：

(1)可採取與坐姿相同的練習方法，以
　　手掌碰觸另一側的膝蓋。

(2)左腳、右手同時抬高後，以右手手
　　掌或手肘碰觸左腳膝蓋上方大腿；
　　接著換右腳、左手同時抬高，以左
　　手手掌或手肘碰觸右腳膝蓋上方大
　　腿。

(3)與抬起腳同側的手臂，可以隨著練
　　習時的熟悉程度，從平放身體二
　　側，慢慢地抬高至完全伸直向上。

(4)兩腳的膝蓋要儘量抬高至腰部的高度。　圖8-7　站姿交叉爬行

◆如來神掌

1. 右手手掌張開向前推，左手
   手掌往身體方向縮回；接著
   左手手掌向前推，右手手掌
   向後縮回。

2. 動作可逐漸加大，讓手臂往
   前伸時能跨越身體的中線，
   身體以中軸線為軸心，隨著
   律動自然擺動。

◆米字型擴胸運動

1. 雙手平舉，與肩同高，手肘
   往兩邊擴展1個八拍（或10
   次）。

2. 接著右手手肘往右上方拉、
   左手手肘往左下方拉1個八拍
   （或10次）。再換邊依序進
   行。

3. 米字型擴胸可以開展胸肺部
   肌肉，促進胸肺部的健康；
   運動時雙手在身體前方形成
   「能量8」，可有效提升身體
   的能量。

圖8-8　如來神掌

圖8-9　米字型擴胸運動

◆ 全身甩手八字操

1. 雙手先向右上方甩，接著自然擺
   到右下方；再向左上方甩，自然
   擺到左下方，手臂自然地在身體
   前面畫「8」。

2. 練習時，初學者可以兩手握住瑜
   伽球，或手持彩帶來練習，增加
   趣味性。

3. 本動作適合安排在緩和階段，練
   習時身體要完全放鬆，享受八字
   操為身體所形成的能量場。

圖8-10　全身甩手八字操

◆ 中軸線搖擺

1. 雙腳仍然平行打開與肩同寬。

2. 以脊髓為中軸線，左右大幅度搖
   擺，左右手掌交互、輪流拍打另
   一側的環跳穴與腰部下方的膀胱
   經。

3. 最後縮小搖擺弧度，雙腳也往中
   間靠攏些，以脊髓為中軸線，以
   核心肌群帶動身體左右旋轉、放
   鬆。

4. 中軸線搖擺屬於緩和的動作，可
   安排在練習的最後階段。

圖8-11　中軸線搖擺

◆中丹田8字按摩

1. 雙手從膻中穴（中丹田）開始，分別跨越身體中線，向另一側的胸部上方和下方滑行。往上滑行的手可滑至胸外側上方的周榮穴（屬脾經）、中府穴與雲門穴（屬肺經）；往下滑行的手可滑至腋下的大包穴（屬脾經）。

2. 雙手回到中央膻中穴後，再換邊進行按摩。可依個人身體的需要持續進行20-30次。

3. 膻中穴是人體「八會穴」中的「氣會」，對於各類與氣有關的病都有一定的療效；中丹田8字按摩對於身體能量的匯集很有幫助。中丹田8字按摩要安排在收功前的最後一個動作。

三焦與脾經共舞

脾主身體的運化功能，也與身體溼氣的排除有關，即所謂「脾為生痰之源、肺為貯痰之器」。脾也是人體最大的淋巴器官，在胚胎時期有造血功能，成人之後轉變為儲存血液的器官，可以清除老化的紅血球細胞（許瑞云、鄭先安，2020；陳昌駿；2019）。對高齡者而言，無論是身體溼氣的排除、身體免疫力的養護，都要好好護脾。

三焦經主一身之氣，影響氣、血與內分泌的協調，三焦經與交感神經的活性有關，拍打三焦經有助穩定情緒及內分泌系統（陳昌駿；2019）。現代人經常受自主神經所苦，三焦與脾經相互抗衡；一旦三焦經過度反應，便會影響脾的運化功能。因此，同時理好三焦與脾經，是現代人的養生功課。

★擁抱大包與天井

很多人無論站立或坐著，習慣雙手抱胸，這代表自己當下的能量有所不足，所以會將雙臂在身體前方交叉，呈一個斜躺的8字。此時，可以用一隻手的手指用力按壓手肘彎曲處側三焦經的「天井穴」，另一隻手指則按壓腋下下方脾經的「大包穴」，每次按壓10次，每一次至少5秒鐘，再換邊按壓。按壓次數可依自己的時間增加。

★拍打中渚與陰陵泉

三焦經從無名指的「關衝穴」向上沿手臂外側向上至頭部,手背上的「中渚穴、液門穴」是重要穴位;位於人體腿部內側的「陰陵泉穴、血海穴」則是脾經的重要穴位。身體感到疲倦時,可以採取坐姿,雙腿膝蓋分開,用雙手手背用力拍打膝蓋內側,可以同時激活三焦經的中渚穴、液門穴,及脾經的陰陵泉穴,可用力拍打100-200下。與上述「擁抱大包與天井」一樣,可同時調理脾經與三焦經。相關穴位位置可參考附錄的經絡實用圖(武國忠,2009)。

◆收操深呼吸

收操時,持續進行三次深呼吸後,手心交互搓揉,按摩手部、手臂。利用手心的熱度按摩鼻二側迎香穴、眼睛四周、兩耳、頸部等。此時,可利用一滴精油,進行嗅吸,達到最好的放鬆效果。

(二)進階動作——坐姿、站姿皆宜

◆頭部按摩

1.從頭頂的百會開始,雙手以手指指腹拍打額葉到枕葉之間的膀胱經;接著往左右兩邊輪流輕敲膽經。

2.以雙手手指指腹從額頭開始,往下依序拍打臉部、臉頰與下巴,可多敲打臉部大腸經、小腸經、胃經的多個穴位。

3.如果練習時間夠長,頭部按摩可以安排在緩和階段來進行。

圖8-12　頭部按摩

◆上下、左右拍手律動

1. 雙手從正前方開始，抬高向上方移動並用力拍打4個，第5拍慢慢回正。

2. 雙手從正前方開始，向下移動拍打4個，第5拍慢慢回正。依序進行。

3. 接著雙手從身體正前方開始，向右方用力拍打4個，邊拍邊往右上方抬高，第5拍慢慢回。

4. 雙手從正前方開始，向左方拍打4拍，邊拍邊往左上方抬高，第5拍慢慢回。依序進行。

5. 本動作非常簡單，適合行動不方便或長期以輪椅代步的長輩們。左右兩側的拍手本動作可讓長輩身體呈8字形擺動，提升身體的能量流。

◆左右畫圓

1. 雙手手掌向前，雙手手臂同時向右畫圓1個八拍（或4次），雙手擺動時要帶動核心肌群，讓身體隨著律動自然擺動。

2. 接著雙手手臂同時向左畫圓1個八拍（或4次），身體要隨著律動頻率自然擺動。依序進行。

◆上肢拍打

1. 右手手掌從左手手背開始，往上拍打手臂外側，激活大腸經、小腸經與三焦經的多個穴位，至少30下。

2. 接著從腋下，往下拍打手臂內側，激活心經、心包經與肺經的多個穴位，至少30下。再換邊拍打。

按摩魚際穴，顧好支氣管

高齡者因肺部支氣管的肌肉逐漸僵硬，常常無法順利排痰，造成困擾。
平常可以多按摩太陰肺經位於手部大拇指側的魚際穴，手肘彎曲處的尺
澤穴。其中，「魚際穴」又稱「救命穴」，多按摩魚際穴可以幫助肺部
順利除出痰液，緩解咳嗽的症狀（曾啟權，1996：61）

◆下肢拍打

1.雙手手掌從兩側大腿環跳穴，由上往下拍打兩側的膽經，至少
30次。

2.接著從腳趾往上，拍打大腿內側的肝經、脾經、腎經。

3.接著從上而下，拍打大腿後側的膀胱經。

4.再次從腳趾往上，拍打大腿內側的肝經、脾經、腎經。

5.接著從上而下，拍打大腿正面的胃經；再
從腳趾往上，拍打大腿內側的肝經、脾
經、腎經。

6.後側膀胱經中，殷門穴至委中穴一段，是
體內最易瘀積毒素的地方，可多拍打。對
高齡者的健康尤其重要。

◆觀功念恩

1.首先雙手從丹田向兩邊打開、向上伸直到
頭部上方。

2.接著合掌從身體中軸線慢慢往下，以意念
帶動頭部、頸部的關節，一節一節慢慢放
鬆，讓頭部往下。感覺完全放鬆後，停

圖8-13　觀功念恩

留3-5秒，再以核心肌群帶動頭部、頸部的關節一節一節慢慢往上，回復原來合掌站立的姿勢。

3.這個動作適合放在緩和動作之後，既可以讓身體放鬆，又可以訓練核心肌群的力量。

◆ 能量掛勾

1.雙腳交疊成交叉狀站好。

2.雙手往前伸直，手肘交叉，手掌掌心相對互握。

3.雙手互握後，同時往下，往身體方向內翻，雙手輕鬆置於胸前。

4.然後保持姿勢，緩慢調整呼吸。4次深呼吸後，再換邊練習4個深呼吸。

5.能量掛勾可以採取坐姿或站姿，非常適合用來調整呼吸、提升身體的能量。可安排在各種體適能類的活動結束後，作為靜心、聚集能量的活動。

圖8-14　能量掛勾

(三)進階動作——站姿

◆ 腳後跟拍地全身律動

1.雙腳打開與肩同寬，兩腳膝蓋放鬆微微彎曲，與「全身律動」的姿勢一樣。

2.雙腳後腳跟抬起再放下，要有拍打地板的感覺。

3.這個動作至少持續進行50-100次，可刺激「間葉系幹細胞」，提升骨質密度。練習時須提肛，練習的次數可以從一次50下開

始，慢慢增加。

4. 腳後跟拍地全身律動是「全身律動」的進階，練習時可交互使用。過程中覺得腳板或小腿肚疲累時，可以放下腳跟，改為全身上下律動，稍微緩和後再抬起腳跟，接著練習。

5. 腳後跟彈起再放下的速度可以依參與者的身體狀況自行調整。

6. 健康長輩的進階練習，可以腳尖著地、雙腳向上躍起，連續跳躍50-100次，跳躍時，雙手可以向上推舉同時哈氣、眼睛往上看。對身體陽氣的提升，很有幫助。

圖8-15　腳後跟拍地全身律動

改善骨質疏鬆症，殊途同歸

高齡者骨質密度快速流失，造成骨質疏鬆，是高齡跌倒後髖部骨折的元凶。因此，如何透過自然的垂直律動，增加骨質密度，是所有高齡體適能運動的重要內容。日本骨科名醫太田博明先生（諾麗果譯，2020）提倡「一天100秒蹬腳跟運動，遠離骨質疏鬆」，也是一種腳後跟拍地全身垂直律動。

有趣的是，不僅律動醫療認為「垂直律動」可以刺激骨細胞的分泌；極向整合療法也認為，透過身體的上下彈跳可以平衡「土元素」，改善骨質疏鬆症。兩種能量醫療概念不謀而合。

◆腳尖彈跳放鬆運動

1. 以腳尖點地的姿勢，自由地擺動手臂、身體，調理呼吸。可持續2分鐘。

2. 在腳後跟拍地全身律動後，小腿肚的肌肉會緊繃些；此時，可以進行腳尖彈跳放鬆，閉上眼睛，自在的彈跳、放鬆身體。

3. 以墊腳尖的方式緩步前行，一邊前行、雙手一邊同時往上舉起過肩，再緩緩放下。

4. 如果場地夠寬敞，團體成員可圍成圓圈，大家都面向右邊，以放鬆但專注態度，依序前行，可產生非常好的團體動力。

圖8-16　腳尖彈跳放鬆運動

5. 如果場地較狹窄，可在自己的座位附近往前4拍、往後4拍，依序進行。

◆108安神律動

1. 雙腳平行打開與肩同寬，與「全身律動」一樣的上下垂直律動。

2. 先以緩和、較慢的速度進行108下；再換成中速度108下；接著加快速度108下；再調回中速度108下；最後回到緩和慢速108下，總計五個回合。

3. 身體上下律動的振幅、速度，都可依個人的身體狀況調整。

4. 108安神律動也是全身律動的進階動作，在中速和快速上下彈跳時，可將雙手向兩側舉高，手掌心向內，同時調整手臂上舉的

角度，讓自己感覺到振動從腋下淋巴結穿過，對身體免疫力的
提升很有幫助。

動作說明

團體引導時，108安神律動部分，慢、中、快、中、慢五個回合，不要求大家
一起跟上速度。給參與者一些時間，各自完成自己的5個回合，才不會造成壓
力。先做完的可以繼續全身慢速律動，調整呼吸與身體的感覺。

(四)進階動作──坐姿

◆抬腳壓腳背運動

1.椅子坐一半，雙手抓住椅子下方；右腳抬起、腳背下壓。

2.換左腳抬起、腳背下壓；左右交換。可依序進行。

3.抬腳壓腳背是非常常見的運動，腳背下壓時可以進一步將每一
個腳趾一起往下抓握，可促進腳趾末梢神經的靈活度。

◆腿部開合運動

1.椅子坐一半，雙手抓住椅子下方；右腳抬起往外放，換左腳往
外；接著右腳、左腳依序回到原來位置。

2.腿部開合運動可換成快速，並配合歌曲進行小組或團體遊戲。

◆腳尖腳跟輪流點地

1.腳尖腳跟輪流點地可以訓練核心肌群，練習時椅子坐一半，雙
手抓住椅子兩側下緣。以兩腳腳尖輪流點地，可持續進行100
下。

2.接著以兩腳腳跟輪流點地，可持續進行100下。

3.雙腿併攏，墊起腳尖先往
右抬，再接著往左抬；身
體跟著腿的律動放鬆自然
擺動。可持續進行。

◆ 足部拍打律動

1.腳儘量往前伸直，以雙
腳腳掌內側互拍，至少拍打100
次。

2.如果可以，建議將兩腳抬
高、打直，相互拍打。

3.這個動作也可採臥姿，適
合作為高齡者清晨起床前
的暖身操，可活絡足部的
氣血，減少長輩下床時的
摔跤意外。

4.根據人體大腦地圖，腳趾
末梢的腦神經細胞密度非
常高，腳趾末梢的靈活
度，深深影響高齡者的平
衡力與能動性，一定要多
鍛鍊。

◆ 海馬放鬆搖擺

1.無論坐姿或站姿，進行頭
部律動或全身放鬆搖擺

圖8-17　腳尖腳跟輪流點地

圖8-18　足部拍打律動

時，常有年紀較大的高齡者缺乏安全感，不容易閉上眼睛或放鬆。

2.可準備一個12-14公分的瑜伽軟球，讓長輩夾在下巴和胸前之間，長者有安全感，就能閉上眼睛輕鬆搖擺身體了。

三、能量律動健康操的教學與引導

(一)能量律動健康操的引導原則

能量律動健康操的動作都非常簡單、自然，可依照個人身心狀態來調整。因此，無論個人自行練習或團體教學引導，只需留意下列原則，就可以充分享受運動的樂趣：

◆動作大不一定好

無論是身體的規律振動或能量的提升，大幅度的搖擺律動不一定就好，重要的是要找到屬於自己的律動頻率。

◆任何適當時間都可以練習

剛開始時，以5-10分鐘的練習為原則。習慣以後，每次練習時間以20分鐘以上為佳，直到感覺到自己的身體因律動而再度充滿能量為止。

◆環境因素的考量

能量律動健康操可以在任何地方練習，但是如果希望深度地覺察身體的律動和能量，則必須在比較安靜的地方練習。所以團體教學時，可邀請參與者輕輕閉上眼睛來練習。

◆選擇適當的音樂

嚴格上來說，能量律動健康操的練習並不需要任何音樂的協助，但是適當的音樂可以協助初學者覺察自己的律動與能量。節奏強而明顯的音樂較有助於初學者的練習，團體練習時，節奏明確的音樂效果也比較好。

◆鼓勵參與者將正向的能量傳遞給自己

頭部或全身律動都會產生大腦的和諧感，同時傳遞給我們的大腦前額葉，但是初學者需要一些引導語的提醒。練習時可持續提醒參與者用鼻子吸氣、用嘴巴吐氣、放鬆心情，同時把愉悅的情緒、正向的能量傳遞到大腦前額葉。

(二)能量律動健康操練習時的安全措施

練習能量律動健康操時，一開始要刻意地產生身體上的律動，接著就讓整個身體隨著這個律動頻率擺動，同時尋找身體因律動產生的能量，覺察它並維持這個美好的律動感。針對部分特殊高齡者，練習時有一些提醒：

◆一般年長者的提醒

建議年長者先激活身體內部的能量，從「捶打丹田」開始。剛開始練習時，律動的擺度不要太快，習慣以後再逐漸加快速度與強度。平衡感較差的長輩可先採取坐姿的姿勢，也可以手扶椅背站立，防止跌倒。

◆容易產生頭暈者的提醒

現代人因長期熬夜、失眠，大腦容易缺血缺氧、溫度過高；直接練習全身律動，容易有暈眩的感覺。必須先拍打下丹田，讓下丹田溫熱起來，讓身體達到水火既濟的狀態。

◆心肺功能不佳者的提醒

因心肺功能不佳或氣喘無法順利呼吸者，建議吐氣的時候，嘴巴輕輕發出「哈哈……」的聲音，拉長吐氣的時間，專注地將廢氣自然的從胸部排出，就可以感覺氣流從胸部順利的擴展到全身。這一類的高齡者，要多練習「深度呼吸」。

◆長期臥床或不良於行者的提醒

因為其他疾病臥床或不良於行的長輩，練習時須衡量體力再決定練習的項目。身體虛弱者可以採取平躺的姿勢，由家人或護理人員協助進行「足部拍打律動」；例如，抬起病人的雙腿上下移動，一樣可以感覺到身體的律動和能量的流動。

◆關節炎疾病者的提醒

有關節炎或關節疾病的長輩，練習時從輕微的擺動開始，如果關節疼痛得很厲害， 可以邊練習律動，一邊將吐氣的氣流運送到疼痛的部位。刻意的將全身的氣流運送到疼痛位置，等到疼痛減少，再逐漸增加全身性的律動，這也是身體「能量」運用的一種體驗。

1	2	3	4
https://www.youtube.com/watch?v=nmFWo-RMAic&t=233s	https://www.youtube.com/watch?v=vsfU81eJ5ZQ&t=68s	https://www.youtube.com/watch?v=eO6Wxydu2yQ&t=35s	https://www.youtube.com/watch?v=dr_HRK8PGJo
112年能量律動健康操基本核心動作_秀蘭示範	112年能量律動健康操站姿坐姿皆宜的進階動作_秀蘭示範	112年能量律動健康操站姿進階動作_秀蘭示範	112年能量律動健康操坐姿進階動作_秀蘭示範
備註：本次錄影有字幕說明，建議使用電腦瀏覽。			

討論焦點

1. 「身體正確姿勢」的維持、覺察，是高齡者體適能教學與引導者的核心任務，請簡要說明身體正確姿勢對高齡者體適能與健康的重要性。

2. 本章「能量律動健康操」的動作設計，主要包括哪三個主軸？

3. 根據能量律動健康操「進階動作」說明，您覺得哪一個動作對「提升高齡者的骨質密度」最有效？

4. 能量律動健康操建議初學者，將「捶打或拍打丹田」作為各類體能活動的暖身運動，可避免運動時大腦有暈眩感。請試著說明「捶打或拍打丹田」對身體可能產生的影響。

5. 能量醫療非常重視人體能量的「異側傳輸」，請問本章能量律動健康操的動作，哪幾個動作最有助於維持身體能量的異側傳輸？

Chapter
9

實用的能量律動類暖身活動

一、身體平衡力的訓練
二、提升末梢反應力的手指律動
三、增加高齡大腦彈性的訓練

每一次團體活動引導都需要有暖身、主活動、回饋與應用三個部分；所謂暖身活動也稱破冰活動，除了活動帶領人的準備、場地安排、器材準備之外，最主要是參與者生理、心理上的準備。例如，如果主活動是靜態的手作藝術，暖身活動部分可以手指律動操為主，讓長輩的手部末梢神經可以活絡起來。也可以只選取能量律動健康操中的拍打下丹田、上下左右拍手，加上全身律動，三個動作大約10分鐘的律動，就是非常好的暖身活動，可以激發體內的生物共振波，提升參與長輩手部的靈活度。

　　本章僅針對團體式的高齡體適能活動，整理介紹一些筆者常用，有趣又能提升大腦彈性、促進血液循環的個人或團體暖身活動，包括：身體平衡力訓練、提升末梢神經反應的手指律動，以及能增加高齡大腦彈性的訓練等三類，讀者可自行選擇，變化使用。

一、身體平衡力的訓練

　　為了協助高齡者適應日常生活，高齡者體適能除了身體組成、心肺功能、肌耐力、柔軟度外，也必須加上平衡力與敏捷度的訓練。身體的平衡力可分為靜態平衡力（static balance）與動態平衡力（dynamic balance），其中，靜態平衡力與高齡者的握力有高度正相關（秦秀蘭等，2017），也是影響高齡者日常生活的重要因素。身體平衡力越好，跌倒意外事故的發生率越低。

(一)靜態平衡力

　　常見的靜態平衡力訓練，主要包括：30秒的單腳站立、雙腳前後站立，以及內耳平衡訓練。其中，30秒單腳站立大家都非常熟悉，本

小節僅介紹雙腳前後站立與內耳平衡訓練的練習方法。

◆雙腳前後站立

「雙腳前後站立」是訓練高齡者靜態平衡力最好的方法，比單腳站立更安全。練習的步驟如下：

1. 利用地上的直線，或者在距離牆邊（安全考量）約30公分的地面上，貼一條長2-3公尺、寬10公分的直線膠帶。

2. 雙腳在直線上站好，採「雙腳前後站立」的姿勢，先把慣用腳放在另一隻腳的正前方，慣用腳跟要接著另一隻腳的腳尖，雙腳儘量呈直線。

3. 雙手可放在腰上，儘量維持整個腳掌在地上20秒以上。雙腳如果能夠前後站穩、靜止超過20秒鐘，可再練習閉上雙眼、維持平衡。

4. 接著再練習，把非慣用腳放在慣用腳的正前方，雙腳一樣呈直線。

5. 雙腳前後站立的練習應該納入每一個社區照顧據點的日常活動，引導長輩們隨時隨地自行練習，可鍛鍊腿部肌力，也可以減少跌倒意外事件。

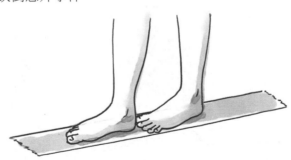

圖9-1　靜態平衡力訓練──雙腳前後站立

◆內耳的平衡感練習

　　預防絆倒或跌倒是延長壽命、提升高齡生活品質的重要健康議題。日本電視節目《日本全民家庭醫學》，曾邀請奈良縣立醫科大學附屬醫院北原糺教授說明高齡者身體平衡感的訓練方法。北原糺教授表示，造成中高齡跌倒的不只是肌力不足，另一個重要原因是「靜態平衡力」不足。至於靜態平衡力不好，除了下肢肌力不足外，另一個主要因素是「內耳不平衡」。

　　內耳的「耳石」能感受重力，掌管身體平衡。隨著年紀增長，新陳代謝的變化、供應內耳平衡器官的血流量減少，內耳的耳石質量及數量也會改變，耳石如果從原本固定的位置，掉落在內耳的半規管滾動，就會出現大腦無法解讀訊號，讓人感到頭暈，這是許多高齡者經常感到頭暈的主要原因（GREAT DOCTOR, 2020）。北原糺教授鼓勵高齡者透過簡單的練習，改善內耳的平衡感。

　　「內耳耳石器」平衡訓練方法如下：

1.首先找牆面或門板一條筆直的線，以該直線為標準，例如門框或柱子。

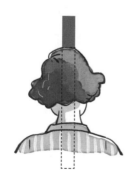

圖9-2　「內耳耳石器」平衡訓練方法

2.站在直線前面，頭側向右邊，維持15秒。

3.接著把頭側向左邊，維持15秒。

4.每天早晚至少練習一次。

(二)動態平衡力

靜態與動態平衡力一直都是兒童體能訓練的重要項目，例如「敏捷梯」訓練就是一種動態平衡力訓練。動態平衡力訓練也可以提升長輩的敏捷度，是健康與亞健康長輩日常自我養護的重點，卻很少受到重視，值得我們留意。

◆雙腳前後走直線

1.雙腳前後「走直線」（walking line forward）非常適合用來訓練高齡者與智能障礙者的動態平衡力。

2.利用地上的直線，或者在距離牆邊（安全考量）約30公分的地面上，貼一條長2-3公尺、寬10公分的直線膠帶。

3.練習時，與靜態平衡力訓練一樣，「以雙腳成一直線、腳跟連接腳尖」的方式先站穩，再持續往前走，儘量讓每一步的腳掌都踩在直線上。雙手可以打開，維持平衡。

4.「雙腳前後站立」與「走直線」可以交互練習，效果最好，可同時提升身體的靜態與動態平衡力。

◆交叉步側走

因視野逐漸變窄、本體感覺變差，高齡者左右移動的靈活度明顯降低，也是高齡者容易跌倒的原因之一。雙腳交叉側走的練習，可以同時讓身體的能量達到異側傳輸，對身體能量場較低的高齡者，有很

大的助益。因此，身體越衰弱的長輩，越需要練習「交叉步側走」的移位訓練。目前部分物理治療師在居家照顧時，也會為衰弱長輩設計交叉步側走、走直線的身體平衡感訓練，非常值得鼓勵。

1. 練習時，也需要利用地面上的直線，先以慣用腳（如右腳）為軸心，讓非慣用腳（左腳）往前跨越慣用腳，雙腳呈交叉狀。
2. 接著右腳往右平跨後，左腳再往前或往後跨移至慣用腳的右邊，雙腳仍呈交叉狀。沿著直線慢慢往右側移動，至少側走5步。
3. 接著換左腳為軸心，往左邊側走移動5步。

圖9-3　動靜態平衡力訓練──交叉步側走

二、提升末梢反應力的手指律動

握力與生命力的相關已獲得許許多多的實證，即使是單純持續、規律性的握拳練習，都可以提升心臟的功能。因此，高齡者的「手部握力訓練」非常重要，可包括徒手握拳、握力器與握力球練習。「徒

手握拳」隨時可以進行，長期進行可以提升心血管功能。例如，從事長跑或長距離快走時，常有手掌腫脹、不舒服的感覺；只要雙手輪流抬起時交互握拳，幫助手部末梢血液回流，就可減少手掌的腫脹感。

(一)雙人打擊樂

筆者以「徒手握力訓練」為主，設計一個雙人擊掌的手指律動操「雙人打擊樂」，獨自一個人時可以當作握力練習，兩人一組便成了雙人擊掌。

◆單人練習時

1. 雙手握拳練習：雙手手心向前，平放胸前。右手緊握、左手用力張開、雙手用力往前推；接著換左手緊握、右手用力張開用力往前推。交互持續練習。
2. 熟練後，右手緊握、左手用力張開時，當成奇數；左手緊握、右手用力張開時為偶數。接著搭配簡單的兒歌，以增加樂趣。如小蜜蜂（如**圖**9-4歌譜）。

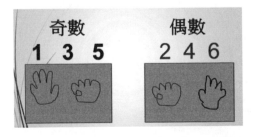

圖9-4　雙人打擊樂手勢與練習樂譜

◆雙人打擊時

1. 每個人都熟練單人練習的動作後，兩人一組，兩人面對面坐好。

2. 兩人右手緊握、左手用力張開，兩人的雙手同時往前推出，握拳的手正好打在對方張開的手掌中央，正好替對方按摩掌心的勞宮穴，非常舒服。

3. 熟練後，右手緊握、左手用力張開時，當成「1」；左手握拳、右手用力張開時，當成「2」；兩人一組，活動引導者交互喊出1、2，練習者交互以拳頭相互打擊對方的手掌心。

4. 更熟練後，右手緊握、左手用力張開時，當成「奇數」1、3、5、7；左手握拳、右手用力張開時，當成「偶數」2、4、6。並搭配簡單的兒歌（如小蜜蜂）來練習，一邊唱歌一邊相互擊掌，健身又有樂趣。

(二)手指張力訓練

1. 選用寬約0.6公分的橡皮筋，套在兩手手指最後第一個和第二個指節中間。

2. 兩手五個手指指節同時用力將橡皮筋撐開，停留1秒鐘後，再放鬆。

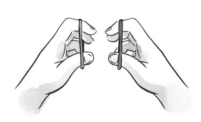

圖9-5　手指張力訓練

3. 可以配合遊戲或歌曲來練習。

(三)握力器與握力球訓練

柔軟適度的握力球、握力練習器都是目前常用的握力練習工具，

圖9-6　握力球訓練

圖9-7　泡棉握柄握力器

其中，「握力球」比較適合衰弱或洗腎長輩使用，健康或亞健康長輩建議使用「握力練習器」來訓練自己的手部握力。選擇適合自己的磅數，每一次都需要緊握，並停留至少1秒鐘，再慢慢放開，一次練習至少緊握20次。多次練習後再慢慢增加緊握的秒數。

　　高齡者的末梢神經、皮膚系統會越來越顯遲鈍，影響握力練習的意願。因此筆者選擇「泡綿握柄握力器」，泡綿的握柄觸感佳，方便長輩緊握，輕巧又方便，可隨身攜帶，是非常好的養生健身器材。團體活動時，可以一邊唱歌，兩手各握一個泡棉握柄握力器，隨著樂曲的節奏、旋律來練習，非常有趣味。

延伸閱讀

根據人體神經生理上「先進後出」的演化原則，人體的手掌和腳掌部分都是較早發展的部位，只要維護得當，人體手掌和腳掌的生理功能應該較晚退化。然而，長輩一旦以輪椅代步，或者久坐不動，手掌和腳掌部分都會因為血液循環不佳，快速退化，變得僵硬或腫脹，對長輩的健康有非常負面的影響。照顧服務員或護理人員一定要將手部和足部的團體活動列入每日的活動課程，並記錄長輩的練習情形；既有團體活動的樂趣，也是一種有效的復健活動（摘自秦秀蘭，2014）。

(四)搓揉手掌增記憶

雙手手掌相互搓揉就是很好的手指運動，但是單純讓手掌相互搓揉，缺乏阻力效果較差。可選擇質料比較粗糙的棉質毛巾布，雙手手掌將毛巾夾住，雙手交互搓揉10分鐘，不僅可以促進末梢血液循環，也可以提升記憶力。

圖9-8　手掌搓揉毛巾

(五)揉指尖、抖十指

「揉指尖、抖十指」是武國忠醫師（2009）特別推薦的養生健康操，透過十個手指指尖的按揉、手指與手臂的充分抖動，就能啟動手上的經絡，能調和五臟六腑。

1. 揉指尖：右手大拇指和食指捏住左手指尖，用力揉捏。從拇指到小指，一個一個捏，不拘方向。揉完左手手指再換右手，用左手的拇指和食指，揉捏右手指尖。每個指尖都要揉捏81次。
2. 抖十指：左手手指與手臂充分放鬆，用右手拇指和食指捏住左手拇指進行抖動，要讓整個左手臂都被抖動起來，被抖動的手要完全放鬆。從拇指到小指，一個一個依序提起、捏住、抖動。接著再換手操作，每個手指都要抖動81次。

(六)蓮花手

1. 雙手在胸前打開，手掌面向自己。
2. 雙手同時從小指開始往下壓，依序為無名指、中指、食指、拇指。

3.最後拇指往下壓的同時，雙手同時
往內翻掌，再用力向外張開手掌。

4.五個手指必須如實地一一往下壓，
手掌內翻旋轉時，手腕旋轉的動作
越大越好。

三、增加高齡大腦彈性的訓練

圖9-9　蓮花手

(一)雙側塗鴉

雙側塗鴉是高齡者「心靈自由度」的測試，雙側塗鴉的練習，一
方面可以協助長輩放鬆，一方面可以提升認知功能。雙側塗鴉首先要
讓個案能夠放鬆，讓慣用手帶著非慣用手自由塗鴉。不同個性、人格
特質與生命經驗的長輩，在練習雙側塗鴉時的自由度完全不同，任何
年齡、身心功能的長輩都可以透過雙側塗鴉來放鬆自己。

練習時可先用淺色，再用深色，同一張紙張上可重複塗鴉。雙側
塗鴉也可以團體或分組方式來進行，塗鴉時可以由外側向中間塗鴉，
也可以由中央往外依序塗鴉。至於
塗鴉的圖案則非常多元，可以使用
線條、曲線或幾何圖形。

圖9-10　個人塗鴉

圖9-11　團體站姿塗鴉

(二)大腦迴路的訓練

「腦迴路」是把純粹的能量狀態具體化的圖示，當我們的腦處於安定且淨化狀態時，腦所呈現的能量也會形成一種規則的迴路。我們傷心或難過時，大腦會激動、發熱，嚴重時腦部會腫脹。因此，傷心或難過時，專心的注視著腦迴路，或者反覆地畫腦迴路圖，都會使我們的腦波逐漸轉為 α 波，讓大腦回到原本安定、和諧的狀態。這與曼荼羅、纏繞畫、西藏唐卡用來調整眼部肌肉的「藏輪圖」的道理一樣，都在刺激大腦產生和諧波，達到人體自我療癒的效果（摘自秦秀蘭，2014）。

「腦迴路」的練習有多種方式，包括：

1. 右手、左手輪流手持彩色筆，跟著迴路順暢的塗鴉。
2. 右手、左手輪流在眼睛前方，帶著頭部跟著迴路順暢多次迴繞。
3. 專注的看著腦迴路圖，順著迴路圖慢慢移動視線，感受腦海中思緒逐漸穩定下來的感覺。

大腦迴路的圖案可以有很多種形式（如圖9-12），講師們可自行創作，讓教學更有趣。

圖9-12　腦迴路練習圖範例

資料來源：修改自徐若英譯（2006）

討論焦點

1.每一個單元活動設計，都建議安排暖身或破冰活動，請問「暖身或破冰活動」應該包括哪些內容？

2.根據本章的閱讀，雙側塗鴉活動對高齡者的認知功能，可以有哪些幫助？應該如何引導？

3.針對本章所介紹「可提升末梢反應力的手指律動」類暖身活動，您覺得哪一個最有趣？如果有機會到機構或社區據點帶領活動，您會使用哪一個？兩人一組試試看。

4.身體平衡力可分為靜態與動態平衡力，請您與同伴兩人一組，試試看哪一種方法最適合用來訓練社區據點長輩的「動態平衡力」？

Chapter
10

高齡體適能活動的設計與引導實例

一、單次活動的內容安排

二、一份完整單元活動設計的撰寫範例

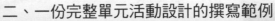

　　在進行活動設計前必須牢記：任何高齡學習活動都必須依照學習者的生理與認知狀態，安排不同的活動內容，在適當的時間內，以適當的方法，將學習內容轉化為高齡者的自我照顧行為。本章以「能量律動健康操」為例，以不同的時間、參與對象來設計活動內容；首先針對三種不同的運動時間，設計不同運動強度的單元活動；最後以一個60分鐘活動單元，完整呈現一份單元活動設計的內容。提供講師朋友們參考。

一、單次活動的內容安排

　　活動內容安排時必須掌握體適能的「FITT訓練」原則，即運動頻率、運動強度、運動方式與運動時間的適切性。

(一)以一般健康、亞健康長輩為對象的設計

　　首先以一般健康、亞健康的長輩為對象，以站姿能量律動健康操為主。分別以60分鐘、90分鐘、120分鐘三種不同的「運動時間」來設計。

◆60分鐘的運動時間

　　60分鐘的活動是社區常見的短打型活動，因為時間短，可以安排強度較高的活動。本處以站姿為主，參與者以「健康」的中高齡者為主。體適能類的活動最重要的是「持續性」的練習，針對健康的社區長輩，務必安排參與者回家後自行練習的動作，讓長輩們將運動納入日常生活常態。以60分鐘運動時間的能量律動健康操設計為例，如**表10-1**。

表10-1 60分鐘的高齡能量律動健康操的活動內容——以第三堂課為例

活動階段	時間分配	建議活動內容	動作說明
暖身活動	15分鐘	1.座位安排、問候、寒暄 2.雙人打擊樂——從個人獨奏開始，熟悉後再進行雙人打擊	• 暖身採坐姿 • 雙人打擊樂參考本書163頁
主要活動	35分鐘	1.打開腦開關——左右各4個八拍 2.敲三處，每一處各100次 3.捶打丹田300次（左右各一下為一次） 4.全身律動與腳跟抬起全身律動輪流進行共300次 5.原地踏步、交叉爬行各100次 6.如來神掌100次 7.米字擴胸運動50次 8.108安神律動（五回合） 9.頭部按摩＋上肢拍打＋下肢拍打 10.中軸線搖擺＋中丹田8字按摩 11.深呼吸一按摩頭、頸、上肢 12.站姿能量掛勾	• 採站姿 • 引導時建議使用90-110BPM的歌曲。例如〈老鷹之歌〉、〈幸福的臉〉，持續播放 • 1-12的動作請參考本書第八章
回饋與應用	10分鐘	1.擦汗、喝水、給予學員鼓勵 2.邀請2-3位學員分享此刻身體的感受 3.交代回家練習內容，並示範一次回家練習的動作	• 採坐姿 • 回家練習內容：拍打丹田300次、全身律動300次、原地踏步與交叉爬行共100次

◆90分鐘的運動時間

　　一次90分鐘的活動，是目前社區各據點非常普遍的活動時間，因此，活動對象以「健康或亞健康」的長輩為主。特別是體能鍛鍊、舞蹈等活動，90分鐘是相當適合的活動時間。其中，主活動必須安排1-2次的休息時間。90分鐘的能量律動健康操的活動設計如**表10-2**。

表10-2 90分鐘的高齡能量律動健康操的活動內容——以第三堂課為例

活動階段	時間分配	建議活動內容	動作說明
暖身活動	20分鐘	1.座位安排、問候、寒暄 2.手指律動操 3.雙人打擊樂——從個人獨奏開始，熟習後再進行雙人打擊	• 暖身採坐姿 • 手指律動操可參考本書163-167頁 • 雙人打擊樂可參考本書163頁
休息	5分鐘	喝水	
主要活動(一)	25分鐘	1.正確的身體姿勢覺察 2.打開腦開關——左右手各8個八拍 3.敲三處，每一處各100次 4.雙手輪流捶打丹田200次（左右各一下為一次） 5.雙手一起拍打丹田100次，第5次拍打時，口中喊「哈」 6..全身律動約300次 7.原地踏步、交叉爬行各50次 8.如來神掌100次 9.左右畫圓左右共8個八拍	• 以站姿為主。可輔以90-110BPM的音樂 • 1-9動作可參考本書第八章
休息喝水	10分鐘	休息、喝水	
主要活動(二)	20分鐘	1.抖十指 2.頭部按摩+上肢拍打+下肢拍打 3.腳尖與腳跟輪流點地各100次 4.足部拍打律動 5.全身放鬆搖擺 6.中丹田8字按摩 7.深呼吸，並用雙手掌搓揉臉部、頸部、手臂 8.坐姿能量掛勾	• 以坐姿為主 • 「抖十指」可參考本書166頁 • 2-8動作可參考本書第八章
回饋與應用	10分鐘	1.擦汗、喝水、給予學員鼓勵 2.邀請2-3位學員分享此刻身體的感受 3.交代回家練習內容，並示範一次回家練習的動作	回家練習內容：拍打丹田300次、全身律動300次、原地踏步與交叉爬行共100次

◆120分鐘的運動時間

目前各類據點排課時都以120分鐘為一個段落，但事實上，120分鐘的體能類活動對高齡者來講非常的吃力，建議在兩次主要活動之後安排一個大腦訓練活動。例如專注力訓練、雙側塗鴉或腦迴路，都是非常好的大腦認知訓練活動，在體能活動之後，高齡者大腦的認知反應表現會特別好。120分鐘的高齡能量律動健康操以「健康或亞健康」高齡者為對象，活動內容設計如下：

表10-3　120分鐘的高齡能量律動健康操的活動內容——以第三堂課為例

活動階段	時間分配	建議活動內容	動作說明
暖身活動	25分鐘	1.座位安排、問候、寒暄 2.手指律動操 3.雙人打擊樂——從個人獨奏開始，熟習後再進行雙人打擊	• 暖身採坐姿 • 手指律動操可參考本書163-167頁 • 雙人打擊樂可參考本書163頁
休息	5分鐘	喝水	
主要活動(一)	25分鐘	1.正確姿勢覺察、打開腦開關 2.敲三處各100次 3.捶（拍）打丹田300次 4.全身律動約300次 5.原地踏步、交叉爬行各50次 6.如來神掌100次、左右畫圓左右共8個八拍	• 站姿為主。可輔以90-120BPM的音樂 • 1-6動作可參考本書第八章
休息喝水	10分鐘	休息、喝水	
主要活動(二)	20分鐘	1.抖十指（每個手指各81次） 2.頭部按摩+上肢拍打+下肢拍打（每側各30次） 3.腳尖與腳跟輪流點地各100次 4.足部拍打律動（100次） 5.全身放鬆搖擺（2分鐘） 6.中丹田8字按摩（30次） 7.深呼吸，並用雙手掌搓揉臉部、頸部與手臂 8.坐姿掛勾、深度呼吸	• 以坐姿為主 • 「抖十指」可參考本書166頁 • 2-8動作可參考本書第八章

(續)表10-3　120分鐘的高齡能量律動健康操的活動內容──以第三堂課為例

活動階段	時間分配	建議活動內容	動作說明
休息喝水	10分鐘	擦汗、喝水	
主要活動(三)	15分鐘	A：認知遊戲 坊間各種大腦認知訓練遊戲、記憶大考驗、手眼協調遊戲皆可 B：大腦訓練 雙側塗鴉或腦迴路練習：個人坐姿或團體站姿皆可 C：老歌新唱，配合歌曲的旋律，使用握力器，訓練手部握力	• A、B或C選擇一類來進行 • 大腦訓練可參考本書167頁 • 握力器訓練可參考本書164頁
回饋與應用	10分鐘	1.給予學員鼓勵 2.邀請2-3位學員分享此刻身體的感受 3.交代回家練習內容，並示範一次回家練習的動作	回家練習內容：拍打丹田300次、全身律動300次、原地踏步與交叉爬行共100次

(二)亞健康或失能長輩──坐姿為主

　　已有許多研究證實，讓大腦快速獲得氧氣的有氧運動，加上認知類運動，可以大量增加大腦的血流量，是提升高齡大腦認知功能最好的日常運動（Jiang-Zbou Yeh, Hsiu-Lan Chin, Tai-Lin Wu, Shuo-En Xu, Bor-Wen Cheng, 2019）。例如太鼓打擊，除了身體振動引起大腦血流量增加，還必須熟記節奏，再根據記憶擊出節奏來，所以打擊太鼓是讓大腦回春、改善認知功能最好的方法之一。

　　日照中心、失能據點或照顧機構內的長輩，以坐姿為主，設計60分鐘的坐姿能量律動健康操最為適當。如果參與長輩可以保持5-10分鐘的站姿，則建議在中間安排5-10分鐘的全身律動與如來神掌，既可提升心臟血管與代謝功能，讓大腦快速充滿氧氣，改善認知功能，又可以提升骨質密度，預防跌倒的發生。一定要把握這個機會，給長輩們滿滿的鼓勵。

表10-4　60分鐘的坐姿能量律動健康操的活動內容──以第三堂課為例

活動階段	時間分配	建議活動內容	動作說明
暖身活動	5分鐘	1.座位安排、問候、寒暄 2.手指律動操	• 暖身採坐姿 • 手指律動操可參考本書163-167頁
主要活動 (一)	15分鐘	1.打開腦開關──左右各8個八拍 2.敲三處，每一處各50次 3.上下、左右拍手各8個八拍 4.捶打丹田200次。左右各一下為一次，每100次休息1分鐘，改為拍手、拍腿，讓手臂放鬆一下 5.坐姿原地踏步、交叉爬行各30次 6.頭部律動（前後搖擺120次）	• 採坐姿 • 引導時仍建議使用90-120BPM的歌曲。例如〈老鷹之歌〉、〈浪漫拉丁〉等節奏感較強烈的歌曲 • 1-5的動作可參考本書第八章
休息	5分鐘	喝水	
主要活動 (二)	10分鐘	1.全身律動300下（約3分鐘） 2.如來神掌50次	• 採站姿，長輩可站在椅背後方
主要活動 (三)	15分鐘	1.頭部按摩＋上肢拍打 2.腳尖與腳跟輪流點地各50次 3.足部拍打律動50次 4.中丹田8字按摩20次 5.深呼吸三次，並用雙手掌搓揉臉部、頸部、手臂 6.坐姿能量掛勾	• 採坐姿
回饋與應用	10分鐘	1.擦汗、喝水、給予學員鼓勵 2.邀請2-3位學員分享此刻身體的感受 3.交代回家練習內容，並示範一次	• 採坐姿 • 回家練習內容為：捶打丹田300次、坐姿交叉爬行50次、腳尖與腳跟輪流點地各50次、足部拍打律動100次、頭部律動120次

二、一份完整單元活動設計的撰寫範例

　　單元活動設計的撰寫是每一位活動帶領人的基本功，經過多次的活動設計書寫、實作、再修改歷程，不僅引導動作更熟習，也會有比較精準、適當的「課堂語言」。撰寫單元活動設計時，除了依循設計理念，最重要的是：「能清楚表達內容的順序與次第、引導步驟，以及預計使用的引導語」。

　　單元活動設計是講師個人的智慧財產，可依個人習慣採用大綱式的設計，或詳細書寫的格式。上述60分鐘與90分鐘的設計範例就是一種「大綱式」的單元活動設計模式。實際學習時，建議講師們詳細地說明活動流程、如何引導、引導語、教材使用等。以下針對上述60分鐘站姿能量律動健康操，呈現較完整的活動引導內容（**表**10-5），供讀者參考。在單元活動設計內，有很多創意都是筆者與能量律動健康操指導員之間教學相長的收穫，再此一併感恩他們。

　　單元活動設計表內，除了寫出活動流程，最好能將自己平日引導的課堂語言寫出來，就是所謂的「引導語」，在表格中可以用【……】來標示。引導技巧越趨熟練後，引導語可以隨著不同場域、不同對象做修正，是每一位講師最重要自我鍛鍊。當然，也可以詳細寫出引導步驟、重點，不呈現引導語，全視個人的習慣。但務必記得：「單元活動設計是個人成長的葵花寶典，越詳細越能增長自己的教學能量。」

表10-5　單元活動設計書寫範例──能量律動初體驗

設計者姓名：秦秀蘭

活動名稱：能量律動初體驗	活動進行時間：60分鐘

學員背景：
1.55歲以上健康或亞健康長者。
2.可獨自、安全站立達40分鐘以上者。

活動目標：
1.認知：活動參與後，學員能回憶今天所體驗的兩個以上的動作。
2.情意：學員能專注參與今天的活動，並能自由地分享參與過程中的身心感受。
3.技能：活動參與後，學員能正確地拍打丹田20次。

活動流程與活動內容	時間	資源器材
◆暖身（破冰） 1.座位安排 　(1)本次活動採團體活動，體驗者先採取坐姿。團體可排成馬蹄形或圓弧形。 　(2)引導者就馬蹄形引導位置。 　(3)打招呼：愉快地和長輩們打招呼、寒暄、問候。 【各位大哥、大姐好，今天好高興再次跟大家見面！上個星期的課，大家喜歡嗎？上次做完運動回家，晚上是不是睡得特別好啊！……】 2.雙人打擊樂 【上禮拜我們有討論過，手的握力就代表我們的生命力，所以握拳可以強身。今天我們來玩一個握拳、雙人打擊的遊戲】 【兩手手心向前，平放胸前。右手緊握、左手用力張開，大聲喊出「1」】 【接著換左手緊握、右手用力張開，大聲喊出「2」】 【現在我喊1或2，大家一起來練習，雙手都要伸直，用力往前推喔……】（練習2分鐘後） 【現在，兩人一組，面對面坐好，我喊1，每個人都是右手緊握、左手用力張開，手往前伸。這個時候，你的拳頭是不是正好打在對面好朋友的手掌心？太好了。現在我喊2，換成左手握拳、右手用力張開，往前推，你的拳頭又打在對面人的手掌心了。太好了，再練習幾次喔！……】 【太好了，我們下一週再來玩進階版的雙人打擊喔！】 【接著請大家休息2分鐘，喝一口水，我們要開始練功了！】	15分鐘	15張安全、有靠背的椅子

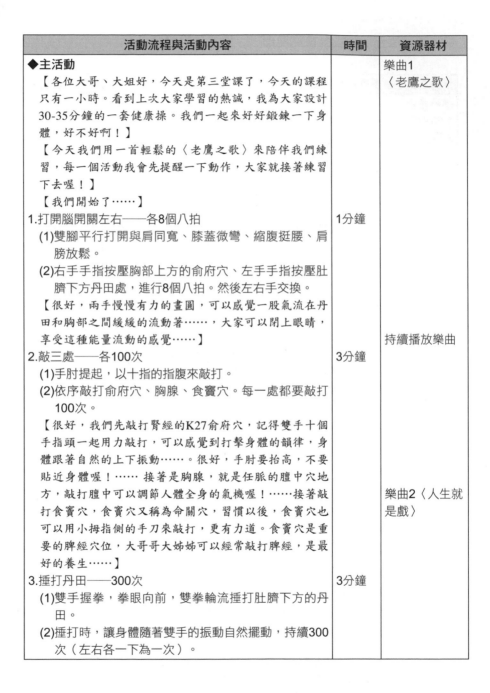

活動流程與活動內容	時間	資源器材
◆**主活動** 【各位大哥、大姐好，今天是第三堂課了，今天的課程只有一小時。看到上次大家學習的熱誠，我為大家設計30-35分鐘的一套健康操。我們一起來好好鍛鍊一下身體，好不好啊！】 【今天我們用一首輕鬆的〈老鷹之歌〉來陪伴我們練習，每一個活動我會先提醒一下動作，大家就接著練習下去喔！】 【我們開始了……】		樂曲1 〈老鷹之歌〉
1.打開腦開關左右——各8個八拍 　(1)雙腳平行打開與肩同寬、膝蓋微彎、縮腹挺腰、肩膀放鬆。 　(2)右手手指按壓胸部上方的俞府穴、左手手指按壓肚臍下方丹田處，進行8個八拍。然後左右手交換。 【很好，兩手慢慢有力的畫圓，可以感覺一股氣流在丹田和胸部之間緩緩的流動著……，大家可以閉上眼睛，享受這種能量流動的感覺……】	1分鐘	
2.敲三處——各100次 　(1)手肘提起，以十指的指腹來敲打。 　(2)依序敲打俞府穴、胸腺、食竇穴。每一處都要敲打100次。 【很好，我們先敲打腎經的K27俞府穴，記得雙手十個手指頭一起用力敲打，可以感覺到打擊身體的韻律，身體跟著自然的上下振動……。很好，手肘要抬高，不要貼近身體喔！……接著是胸腺，就是任脈的膻中穴地方，敲打膻中可以調節人體全身的氣機喔！……接著敲打食竇穴，食竇穴又稱為命關穴，習慣以後，食竇穴也可以用小拇指側的手刀來敲打，更有力道。食竇穴是重要的脾經穴位，大哥哥大姊姊可以經常敲打脾經，是最好的養生……】	3分鐘	持續播放樂曲 樂曲2〈人生就是戲〉
3.捶打丹田——300次 　(1)雙手握拳，拳眼向前，雙拳輪流捶打肚臍下方的丹田。 　(2)捶打時，讓身體隨著雙手的振動自然擺動，持續300次（左右各一下為一次）。	3分鐘	

活動流程與活動內容	時間	資源器材
【雙手捶打丹田時要有規律，全身則像彈簧一樣上下振動，兩手儘量平均使力，鼻子吸氣、嘴巴吐氣，吐氣時可以拉長。很好！……想用力吐氣時可以發出「哈」……慢慢地放鬆以後，閉上眼睛、嘴角微微上揚，全身放鬆的享受這種捶打、振動的律動感覺……】		
4.全身律動──共300次 (1)全身律動、腳跟抬起全身律動輪流進行。 (2)以丹田為核心，上下自然振動。 【很好，兩腳仍然與肩同寬，脊髓打直、腰要鬆、膝蓋不鎖死喔！全身上下放鬆，想像自己的身體像彈簧一樣上下、輕鬆的振動，讓身體的能量自然地流動】 （大約100下以後） 【接續剛剛全身律動的感覺，身體往上抬起時，雙腳後腳跟抬起、再放下，要有拍打地板的感覺。過程中覺得腳板或小腿疲累時，可以放下腳跟，改為全身律動；稍微緩和後再抬高腳跟，接著將腳跟抬起再放下。……腳跟抬起彈跳的速度要依自己的身體狀況做調整，不一定要和別人一樣喔！】	5分鐘	
5.原地踏步與交叉爬行──各100次 (1)原地踏步──雙手自由擺動並跨越身體中線，雙腳用力踩地。持續50次。 (2)交叉爬行──左腿抬高並跨越中線，右手手掌或手肘拍打左邊膝蓋。換右腿抬高並跨越中線，左手手掌拍打右邊膝蓋。持續進行50次。 (3)接著做原地踏步50次，之後再交叉爬行50次。 【現在，小腿肚一定感覺到緊緊的，接著做原地踏步，踏步的時候，腿要儘量抬高、再用力踩地；兩手自由擺動，要跨越身體中線喔！兩手自由擺動時，手掌要輪流交互握拳，幫助末稍神經回流，手掌就不會有腫脹的不舒服感覺】 【交叉爬行的時候，身體要挺直，眼睛平視；雙手在兩側抬高的高度，要越來越高喔！】	3	
6.如來神掌──100次 (1)右手手掌張開向前推，左手手掌自然往身體方向縮回，為1次。 (2)接著左手手掌向前推，右手手掌縮回，為1次。	2分鐘	

活動流程與活動內容	時間	資源器材
【接續交叉爬行後身體的能量感，兩手交互往前伸，以脊髓為中軸線，輕鬆地擺動手臂。動作可逐漸加大，記得讓手臂往前伸時能跨越身體的中線，身體則隨著律動自然擺動。這個時候，身體的能量持續呈現8字形流動，非常舒服的……】		
7.米字擴胸運動60次 (1)雙手平舉，與肩同高，手肘往兩邊擴展，連續10次。 (2)接著右手手肘往右上方拉、左手手肘往左下方拉，連續10次。再換邊依序進行10次。依序進行。 【這個動作也是利用手部在身體前方形成「能量8」，可以提升身體的能量。雙手側拉、擴胸的力道可以自己調整，力道大時，口中可輕輕哈氣】	1分鐘	
8.108安神律動五回合 (1)與全身律動一樣的姿勢。 (2)以較緩和的速度進行全身律動108下，再換成中速度的律動108下，接著換成快速108下，再換成中速度108下，最後回到慢速垂直律動108下。 【不用管別人的速度喔！用自己最舒服的速度，來完成這五個回合】 【在中速和快速彈跳時，可以將雙手向兩側舉高，手掌心向內，同時調整使手臂上舉的角度，要感覺到振動從自己腋下淋巴結穿過……，可以增強我們的免疫力。……先做完的大哥大姊，可以繼續全身慢速律動，調整自己的呼吸，多做幾個深呼吸】	5分鐘	
9.頭部按摩＋上肢拍打＋下肢拍打 (1)雙手以手指指腹自額葉到枕葉前後來回輕敲膀胱經；接著往左右兩邊輪流輕敲膽經。重複2次。 (2)右手從手掌開始往上拍打手臂外側。從腋下往下拍打手臂內側。接著換左手拍打。 (3)雙手手掌分別從上而下拍打大腿外側、後側、前側；從下往上，拍打大腿內側。 【頭部的敲打、按摩要循序敲打，額葉到枕葉前後至少要敲打30下；接著左右兩側膽經也是30次。嘴角微微上揚喔！慢慢享受從頭部往下傳遞的放鬆和舒適感。我們再重複一次喔，額葉到枕葉……，左右兩側膽經……很好】	5分鐘	

活動流程與活動內容	時間	資源器材
【現在用右手手掌拍打左手手臂，每一側至少30下，不要急……，再換內側。用一樣的速度來拍打，讓這種振動傳遞到身體內的每一個細胞】 【接著換拍打腿部，兩手手掌從大腿兩側環跳穴，往下拍打大腿兩側30次……，接著從腳趾往上，拍打大腿內側30次……，速度要一樣喔！接著拍打大腿後側的膀胱經……，再拍打大腿內側……；接著拍打大腿前側的胃經……，再拍打大腿內側……】		
10.中軸線搖擺＋中丹田8字按摩 (1)雙腳仍平行與肩同寬，以脊髓為中軸線，左右大幅度搖擺。 (2)最後縮小搖擺弧度，以脊髓為中軸線，以核心肌群帶動身體左右旋轉、放鬆。持續36次。 【現在全身放鬆，以脊髓為中心，頭部、頸部和身體自然、慢慢地左右擺動，非常舒服的】 (3)雙手從膻中穴開始，分別跨越中線，向另一側的肩頭、脇下滑行，再回到膻中穴，雙手交錯後，再分別向另一側的肩頭、脇下滑行。連續做20次。 【雙手滑行按摩時要有一點力道喔!這是提升身體能量最好的方法。】	3分鐘	樂曲2〈人生就是戲〉
11.深呼吸並按摩頭、頸部和耳朵 (1)進行三次深呼吸。 (2)手心交互搓揉，按摩臉部、頸部。 【呼吸道與丹田的強化非常重要，現在用鼻子吸氣，吸氣時將氣導入腹腔，腹腔逐漸飽滿後，將隔膜往上，盡力吸飽、吸滿。讓自己的支氣管肌肉放鬆、更有彈性。吐氣，慢慢吐氣時，將意念集中於丹田（關元穴）上，讓丹田更健康……】 【接著雙手手掌互相搓揉一下，現在我們的手掌充滿了能量，利用手心的熱度按摩鼻二側迎香穴、眉上方的攢竹穴，按摩耳朵、頸部等，慢慢來……同時調節呼吸】	3分鐘	
12.站姿能量掛勾 (1)兩腳交疊成交叉狀，雙手往前伸直，手肘交叉、手掌相對互握。 (2)兩手互握後、同時往下、往身體方向翻出至胸前。保持放鬆的姿勢，緩慢輕鬆音樂調整呼吸。4次深呼吸後，再換邊練習4個深呼吸。	1分鐘	

活動流程與活動內容	時間	資源器材
【這個動作可以讓我們的情緒平靜下來，身體反應能力更敏捷……，對周遭環境卻更有醒覺性……。這個時候身體會有輕微的晃動，兩腳穩穩地釘在地板上，身體可以隨著輕輕晃動……，慢慢地調節呼吸……】 ◆回饋與行動 1.學員分享 (1)讚美大家剛剛的表現。 【今天是我們第一次嘗試完整35分鐘的練習，大家一定很累了！趕快把汗擦乾……】 (2)邀請參與學員說說自己現在身體的感受、心情。 【今天大家做完這套健康操的感覺如何？身體有哪些地方有特別的感覺？願意和大家聊聊嗎？】 2.安排回家練習重點 【這一套操很簡單，但是35分鐘下來，大家有沒有覺得頭腦清晰、身體舒爽？這是因為我們認真地讓身體、四肢都擺動起來，等於在身體很多地方製作了心臟，幫忙我們把血液順利地送到我們的頭腦、手腳末梢，所以我們每天在家裡都要練習一次。自己在家裡，每一次只要10分鐘就可以。10分鐘的練習要包括：捶打丹田300次、全身律動300次，再加上原地踏步與交叉爬行各50次，大家一定要練習！我們下次見喔！】	10分鐘	

備註事項／參考文獻

1.全身律動以站姿為主，務必列入每天例行練習。

2.拍打丹田和全身律動通常連續做，可使用同一首曲子（90-120 BPM），適當的振幅與頻率，可引發身體氣血的共振，非常舒服。

3.能量律動健康操最重要的是透過持續的振動，在身體的每一個地方製作一個類似心臟的共振機制，因此活動設計上，除了有趣，也要有持續的規律振動，才能達到氣血共振的效果。

討論焦點

1. 根據研究，增加大腦的血流量，才能提升高齡大腦的認知功能。請和同伴討論，什麼樣的高齡活動設計或日常活動能夠大量提升大腦的血流量？

2. 針對本章單元活動流程設計的實例，哪一部分的引導流程或引導語，讓您最有感覺？為什麼會有這種感覺？

3. 本章單元活動流程設計實例中，有很多【引導語】的範例，請與同伴兩人一組，試著改寫184頁範例中「回饋與行動」階段的引導語，並試著相互對話引導。

後記──站在巨人的肩膀

楔　子

記得民國105年的一個秋天的晚上，從雲林回到學校的途中，在嘉義轉運站候車時，看到一位男性長輩靜靜坐在候車椅子上，持續左右、前後的搖擺頭部好久好久；當時長輩臉上放鬆、享樂的笑容讓我印象深刻。

於是我問他：「請問您在哪裡學的？」

這位長輩回答：「還要學嗎？這樣左右自然搖擺，身體就放鬆了，人當然會很舒服！」

確實，只要「能量與律動和諧共舞」，就能找回健康的身心。從襁褓中開始，自己就是一個身體非常虛弱的嬰兒，只要爸媽抱著我進了密閉的空間或火車車廂，我的臉色就立即發白、發青。長大後暈車、偏頭痛一直跟著我；也很容易有疲倦感，因而學會很多刮痧、按摩的自我照顧技巧。擔任教職以後，工作壓力大，偏頭痛加劇，百服寧或普拿疼幾乎是每日必備藥品。

生產時因剖腹生產檢驗，發現血紅素值只有8.4，才知道原來自己血液循環功能這麼差。直到民國96年接觸李承憲博士所開發的「腦波律動」（brain wave vibration），光是頭部和全身律動，不到兩個月就完全改善了我的偏頭痛問題，完全不再依賴普拿疼之類的止痛藥。

全球受到「心身症」所苦的人數正急遽增加，甚至將心身症視為全民健康的頭號殺手。這些朋友們最需要的就是透過簡單的肢體律動、搖擺，啟發全身的經絡，調和身體的五臟六腑。本書是筆者個人擺脫病痛、找回身心健康，並在社區推廣「律動輔療」的經驗，希望有更多的人，認識能量與律動共舞之道，找回健康與幸福。現代人因為終日汲汲營營，大腦幾乎處於喋喋不休的狀態，如何透過簡單的律動、搖擺，釋放身體的僵硬，讓我們的「腦幹」有機會做好它們自己

的工作,格外的重要。

「能量律動健康操」是一種「律動輔療」,長期練習可協助我們維持健康、自然、放鬆的腦波頻率,提升認知與專注力;管理個人的壓力、活化腦部,開展大腦的可塑性;恢復身體健康、擁有正向能量的狀態,並擴展對自身、外在環境和宇宙的覺察能力。十多年來,自己從每天依賴百服寧或普拿疼過日子,到現在每天都是神清氣爽、身體輕鬆自在,內心滿滿的感恩,很想讓更多的人一起來體驗自然又簡單的律動輔療自我照顧技巧。

這一套健康操是持續研究、體驗、反思的結果。記得從2015年起,透過多年的研究,看到智能障礙或唐氏症的院生們,因為持續的拍打丹田、全身上下律動、交叉爬行、走直線等動作,最後能夠穩定做出站姿的「能量掛勾」動作,內心的喜悅感至今仍記憶猶新。因此,藉此介紹成就「能量律動健康操」的前輩們,方便讀者可以持續閱讀相關的書籍,繼續向這些前輩們學習。

一、李承憲博士的腦波律動與腦教育

國際腦教育學會(International Brain Education Association, IBREA)的創始人李承憲博士,幾十年來致力於研究開發人類大腦的潛能,創立了「大腦教育系統」培訓方法,希望人們可以成為自己大腦的主宰,進而主宰自己的人生。他相信大腦是人類意識和所有行為的最重要因素。其中「腦波律動」便是他所設計的身心鍛鍊方法。透過頭部和頸部的規律擺動、胸部的旋轉、腹部和足部簡單且規律的拍打動作,引發身體器官之間的「諧波共振」,讓我們在緊張或忙碌的情緒下,快速找回身體原有的律動,讓我們擁有健康的身體與心理(Lee, 2008)。因為動作簡單有效,目前已在世界各國快速推廣中,

筆者也曾參與學習，身體力行十多年，並經常在社區高齡團體、榮民之家、日照中心等示範推廣，對於高齡者情緒的舒緩、睡眠品質的改善，有極大的功效，參與者都有相當正向的回應。

李博士認為，人要有三種的方式才能達到圓滿：(1)生理層次要精氣充足，就是「精充」；(2)個人特質能力要能充分展現，就是「氣壯」；(3)精神上要能清明，就是「神明」，三者都是人體能量的充分展現。透過簡單、自然的「腦波律動」，在生理上，能夠促進血液循環讓自己有更好的大腦彈性，身體放鬆、啟動內在療癒能力。在心理上，要能夠完全專注與放鬆，心智就會變得清明，並不斷地對自己發送正向訊息，讓自己更有信心。在個人精神上，則因為深入練習後，可以感覺到自己與別人、與大自然的生命連結。他所創立的「丹瑜伽」、「丹學瑜伽健康中心」，即強調以呼吸來達到身心協調和健康。

李博士推廣腦教育的書籍相當多，其中影響本套健康操較多的兩本書籍為：*Brain Wave Vibration*（Lee, 2008）、《與腦對話》（徐若英譯，2006）。

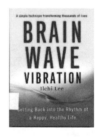

李承憲博士認為，「腦波」是大腦所傳送給我們自己，一種非常特別的能量。因此宣導「以腦呼吸，啟動生命能量」，並詳細列出實踐「腦呼吸」的五個階段，包括：

1. 喚醒腦部感官：認識大腦的三個層次、瞭解大腦的能量、促進大腦的覺察。
2. 腦部柔軟操：腦部柔軟操、按摩腦部、開創大腦更多的彈性等。
3. 淨化我們的腦：透過腦呼吸釋放壓力、開發情緒智慧。

4.腦的統合：腦迴路的練習、釋放壓力、加強左右腦之間的溝通。

5.成為腦的主人：強化生命自然的源頭，提升大腦的執行控制能力等。

目前大腦神經科學家也證實，大腦的可塑性非常強，透過呼吸、心智的鍛鍊，都可以改變大腦（洪蘭譯，2016；Naji & Ekhtiari, 2016）。樂觀、放鬆、全心投入的心理模式是身體健康的關鍵，當我們專注練習全身律動時，不只是體內的能量流動，而是個人思維模式、大腦彈性的鍛鍊，這就是李承憲博士所強調的「大腦自我訓練」。

二、王唯工教授的氣血循環與酸水排毒概念

王唯工是美國約翰霍普金斯大學生物物理學博士，主攻生物物理學與神經科學。在《氣的樂章》（王唯工，2007）書中，王教授從能量醫療的觀點來討論氣血循環，把中醫的氣和西醫的血，兩種概念完整結合，並從共振理論發展出「經絡演化論」。認為「心臟的振動」是所有臟器能量的源頭，而所有的努力都為了大腦的血液供應，共振是血液循環的原動力。經絡、穴道、臟器形成一個共振網，透過運動、運氣，形成器官的共振，讓經絡循環重新分配。

王教授希望設計一個讓大家方便使用的輕巧脈診儀，把中醫的把脈學問圖像化；過程中發現人體排不出去的二氧化碳，就是造成身體水腫跟老化的原因。因此，再出版《水的漫舞》，結合中醫與西醫的概念，完整詮釋人體水腫的五個歷程。身體任何地方一旦局部供血不足、氧氣不足，就會形成水腫。水腫的五個階段包括（王維工，2010a）：

1. 第一階段：人體紅血球內的血紅素不足，不僅氧氣不足，也無法送走二氧化碳，導致組織酸化漲水。此時，細胞的酸鹼質大約等於6.1左右，如果酸化位置在關節組織，就會引發骨頭痠疼等症狀。

2. 第二階段：當細胞的氧氣來不及補充時，只好進行無氧性糖解作用。無氧性糖解作用會形成乳酸的代謝產物；乳酸一旦增加，組織酸化的程度更嚴重。此時，細胞的酸鹼質大約為4。

3. 第三階段：如果氧氣供應仍然不足，細胞膜的電壓會不穩定，便會導致交感神經失調、焦慮、失眠等問題。

4. 第四階段：一旦細胞內的酸水累積過多，細胞蛋白質液體會滲透到組織間，產生一般我們肉眼可以看到水腫表象。此時該部位的皮膚下都是水液，壓下去就彈不回來。

5. 第五階段：如果細胞因為酸水過多，造成細胞溶解，就是細胞壞死的階段了。

　　王唯工教授提醒我們，防止水腫的身體保健必須設在「第一階段」，也就是「細胞的新血充足」、「增加細胞的氧氣供應」。例如，很多人在天氣潮濕時常覺得骨頭痠疼，就是疼痛部位的細胞已經處於第一階段的水腫。這個時候，除了多增加身體細胞氧氣的吸收，也必須透過「伸展運動」，才能有效地排除已經累積在細胞內的酸水。至於日常生活的站姿、坐姿、臥姿，都必須留意，保持頸椎的直立、正確的位置，才能協助身體順利排除二氧化碳。其中，保持頸椎的直立，是影響頭部大腦酸水排除的關鍵因素；正確的坐姿、適當的運動，則可以幫助腰、腹部的酸水排除。

　　接著王唯工教授又以《氣血的旋律》（王唯工，2010b）說明人類本身的氣血共振特性，係取決於「以氣為藍圖」的循環系統。透過這

個血液循環系統，血管與血液提供了全身所需的氧氣與營養。他發現高血壓最普遍的成因是「大腦缺氧」，大腦缺氧也可能是許多老化或慢性病的共同起源，包括失眠、老年癡呆、高血壓、腦中風等重大疾病。王教授的研究對現代醫學與養生保健領域，有很大的貢獻。

三、Donna Eden與Cyndi Dale博士的能量醫療概念

「能量醫療」是自然療法的一部分，也是源自人類古老的輔助與另類療法。多年來，國內由雷久南醫師發起創立的《琉璃光雜誌》即持續呼籲人類透過能量醫療，找回自己的健康，讓地球永續生存。毛井然、陳江全（2007）兩位資深醫學研究工作者則已從事二十多年的能量醫療實務工作，並稱能量醫學為「21世紀的醫術新秀」。

國內也陸續翻譯由Donna Eden博士主筆的《能量醫療》（蔡孟璇譯，2004）、《女性能量療法》（徐曉珮譯，2016）、Cyndi Dale博士所寫的《精微體：人體能量解剖全書》（韓沁林譯，2014）。能量醫療概念充分整合傳統中醫的經絡系統、脈輪概念，揭示能量是我們身體自我修復的天然萬靈丹，也是最基本、最自然的療癒力量。

事實上，能量是我們整體存在的基礎，分子、細胞、組織和器官都有波動，不同的波動決定個體本身的特性與功能。我們整個身體都在精微的層面持續波動著，透過體內的連結組織傳遞能量與訊息；換句話說，人體是一個動態的能量系統。這種波動會持續地與體內或體外的其他波動共振，就是所謂的能量共振。例如，與我們的朋友、情人在同一個空間相處時，彼此心臟的波動頻率會慢慢互相配合起來。

楊定一醫師近十年來也大力推展能量醫學、自然療法；許瑞云、鄭先安醫師（2020）也主張個體能夠恢復健康，靠的是人體的自癒能力；並積極在台灣各地區以及東南亞各角落推廣各種「異側爬行」、

「8字形身體律動」、「劃分天地」等各種可以提升身體能量的肢體律動。鼓勵大家運動時儘量多做一些身體兩側交互擺動的運動，以幫助大腦左右側腦室之間的訊息互動，提升大腦側化分工情形。

感謝這些有智慧的前輩們，讓我們對人體原已擁有的自我療癒能力有更多的信心：原來我們的「雙手」擁有最好的療癒能力；也讓我們瞭解自己對個人身心健康的「責任」。對於身體器官逐年退化、血液循環系統功能慢慢退化、體能逐年衰弱的高齡者而言，如何透過氣血的共振，讓身體的細胞能夠獲得充分的氧氣，提升自己的能量場，是高齡者自我學習的功課，也是高齡照顧者與高齡活動引導者的任務。

四、武國忠醫師的人體自我修復概念

人體的經絡系統由經脈和絡脈組成，每個人終其一生都是靠經絡在指引體內的電磁運動。中國的經絡學博大精深，有關經絡養生的知識體系、論述與生活應用的書籍何其多。筆者很幸運的接觸了北京理工大學生命學院傳統醫藥研究中心主任武國忠醫師兩本著作《人體自有大藥》（武國忠，2009）、《養陽氣：提升自身陽氣，就是百病的藥方》（武國忠，2016），他提醒我們人體有自我修復的能力，提升自己的陽氣，就能除百病。世界上最好的藥，就在我們自己身上，身體絕大部分疾病都能靠自身免疫系統治癒。

這些概念對於「年歲漸長，血氣漸衰」的高齡者養生，非常重要。特別整理武醫師在上述兩本書的幾個概念，與許多高齡體適能的講師朋友們分享。

(一)鍛鍊起來舒適、愉快的,才是好的養生運動

　　無論是高齡者體適能的檢測、鍛鍊、活動設計,都要牢記高齡者體適能的內涵:身體組成、心肺耐力、肌耐力、柔軟度、敏捷度與平衡力。個體到了高齡期,大腦神經、心臟與血管、肺臟等器官層級的改變,確實已不同於年輕時期。武國忠醫師(2009)強調「四肢者」為諸陽之本,刺激經絡的末端就是激發人體身上的陽氣。簡單的四肢或身體的搖擺,放鬆自在的養生樁,鍛鍊起來既舒適、又能引發愉快念頭的鍛鍊,才是最好的養生,一旦「經絡通暢」,陽氣自然而生。

　　武國忠醫師的概念與現代「運動生理學」的概念完全相符;這些運動的能量運動以「有氧性能源」(賴金鑫,1993)為主,有效且持續。所以他極力推崇「揉指尖、抖十指」的養生運動。讀者可參考本書166頁的說明。

(二)依X形平衡治療原理尋找身體疼痛治療的高升點

　　任何有機體內的任何一個系統都有自己平衡之道,人體本身也是一個完整的自我調節控制系統。能量醫療工作者因此強調身體能量的「異側傳輸」,因為人體內的能量流是以無數個交叉、螺旋的韻律8模式交織而成。年紀漸長後,日常生活中身體能量異側傳輸的機會減少,很容易感到身體能量不足,容易疲倦。武醫師以周爾晉先生根據《黃帝內經・繆刺論》及臨床經驗所提出的「X形平衡治療」為基礎,教大家自己找到治病的「高升點」(可參考本書第四章圖4-4)。值得高齡夥伴好好探索、學習。高齡者常見的腰痠背疼、五十肩、末梢神經痠麻等,都可以透過身體X形平衡高升點的按壓,緩解疼痛。

　　在此我分享自己的學習故事。2020年下半年因右手網球肘,前往

195

中醫診所就診；不到20分鐘的針灸結束後，我請問醫師：

「請問醫師，大約多久可以好？」（醫師看看我，搖了搖頭。）

「您會教我如何保養嗎？」（醫師還是看看我，搖了搖頭。）

幾次就診以後，我才瞭解醫師的用心。網球肘是日積月累、錯誤姿勢導致身體能量的阻滯，沒有一年半載，如何能看到治療績效？如果沒有自主性運動、協助身體能量的暢通，只靠短暫的20分鐘針灸刺激，絕對無法改善的。醫師如何能逐一向每一位急著看到療效的病患們說明這個道理呢？自然只能搖搖頭！

閱讀武醫師的書籍後，我試著找尋緩解手肘疼痛的高升點，並堅持按摩左腳膝蓋的高升點，接著抖動右手手指，大約一星期，手肘的疼痛感即減少許多，但是足足三個月才真正改善右手手肘的靈活度。正如武醫師所說的：「人體自有修復系統、求醫不如求己」。從此以後，我更相信：對自己身體能量的平衡越有信心，越能長期堅持、覺察、探索個人身體能量流，自我療癒的效果就越明顯。衛福部推展高齡者體適能時也大力呼籲「規律動運」，高齡者體適能的活動設計或引導者，也應該以高齡者能夠每天自行練習、長期鍛鍊的體能訓練為主，才符合高齡者體適能的推展任務。

五、簡志龍醫師與律動療法

簡志龍醫師是家庭醫學科的醫師，他把律動分為垂直律動與水平律動。2013-2015年陸續出版《律動療法：震走疾病，動出健康》與《等速水平律動療法》，並將律動療法的理論充分的落實到健身器材的開發上，目前有很多病弱或長期臥床的病人因為垂直律動機而受

益。全身垂直律動訓練認為，人體成長與運動都受到地球地心引力作功的影響，對人體來說，採用垂直方向運動是最自然、安全有效且快速的方式（簡志龍，2013）。在不增加心肺負荷之狀況下，垂直律動可以引發身體的和諧共振波，達到全身100%運動訓練。

2014年在深入瞭解簡醫師團隊所開發的「全身律動機」之後，我結合腦波律動的許多動作開發成「律動輔療」的高齡活動引導，並與研究夥伴們把律動輔療的活動設計帶進高齡照顧機構，藉此提升機構高齡者們的生活及照顧品質（秦秀蘭，2014）。接著，2015-2017年連續三年，由我們的律動輔療講師團隊把律動輔療的概念介紹給全嘉義縣18個鄉鎮、社區內健康與亞健康的高齡者。當時看到社區長輩們願意嘗試跟著我們做交叉爬行、挑戰走直線、測試自己的手部握力與張力，內心欣喜萬分。衷心的感恩所有參與的社區長輩們，感謝所有律動輔療講師團隊夥伴們。

社區律動輔療宣導

民眾體驗交叉爬行的樂趣

附錄　經絡實用圖

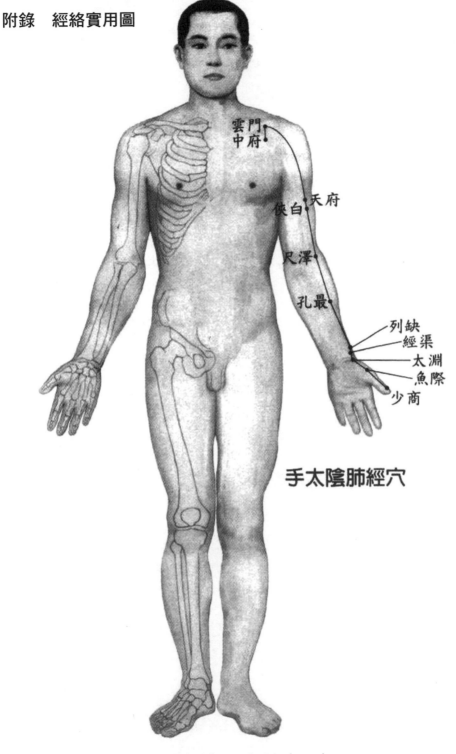

雲門
門府
中府

天府
俠白

尺澤

孔最

列缺
經渠
太淵
魚際
少商

手太陰肺經穴

附錄圖片資料來源：武國忠（2009）

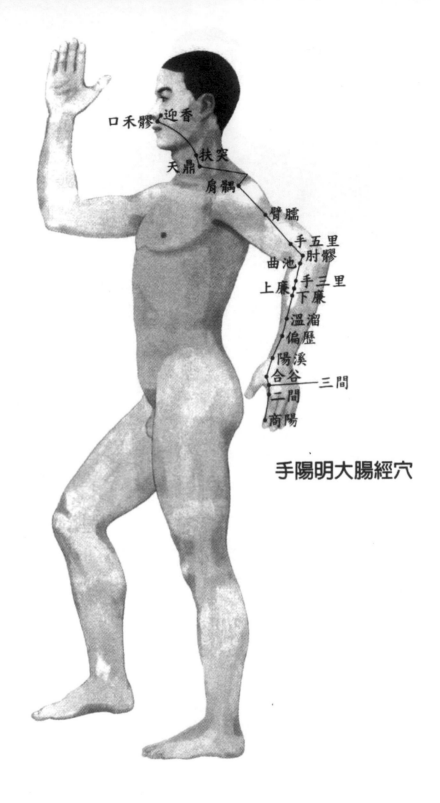

口禾髎　迎香
扶突
天鼎
肩髃
臂臑
手　五里
肘髎
曲池
手三里
上廉
手下廉
溫溜
偏歷
陽溪
合谷
二間　三間
商陽

手陽明大腸經穴

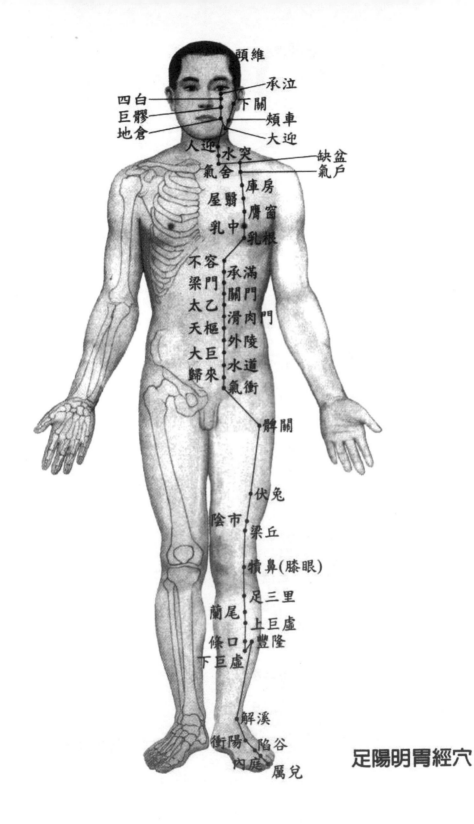

頭維
承泣
四白
巨髎
地倉
下關
頰車
大迎
人迎
水突
氣舍
缺盆
氣戶
庫房
屋翳
膺窗
乳中
乳根
不容
梁門
承滿
關門
乙樞
滑肉門
太乙
天樞
外陵
巨
水道
大巨
歸來
氣衝
髀關
伏兔
陰市
梁丘
犢鼻(膝眼)
足三里
蘭尾
上巨虛
條口
豐隆
下巨虛
解溪
衝陽
陷谷
內庭
厲兌

足陽明胃經穴

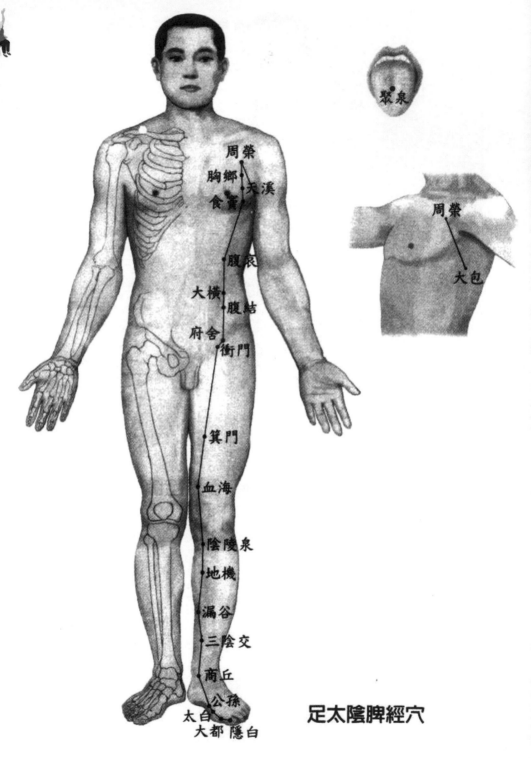

聚泉

周榮
胸鄉
天溪
食竇

腹哀

大橫
腹結

府舍
衝門

箕門

血海

陰陵泉
地機
漏谷
三陰交
商丘
公孫
太白
大都　隱白

周榮

大包

足太陰脾經穴

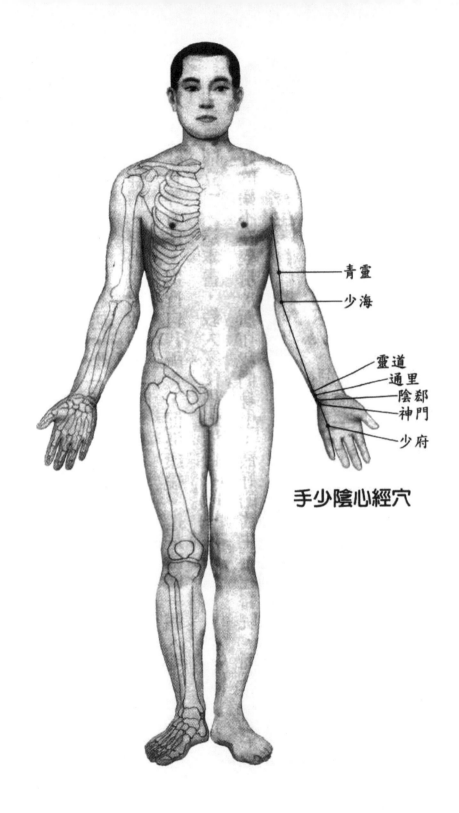

青靈

少海

靈道
通里
陰郄
神門

少府

手少陰心經穴

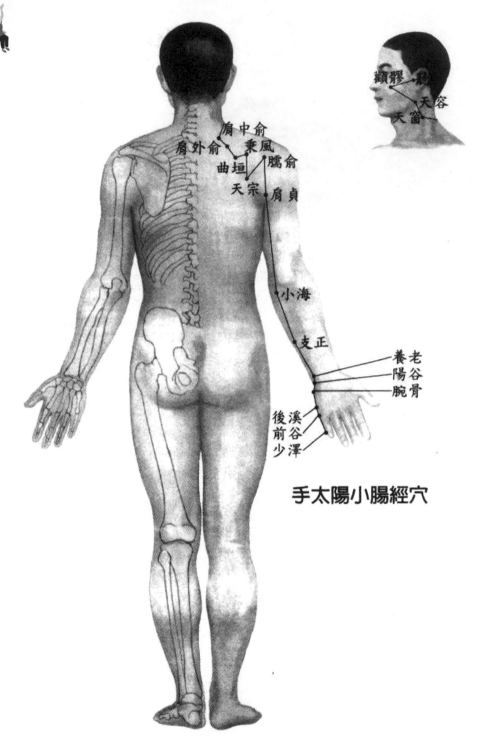

顳髎
聽宮
天容
天窗

肩中俞
秉風
肩外俞
臑俞
曲垣
天宗
肩貞

小海

支正

養老
陽谷
腕骨

後溪
前谷
少澤

手太陽小腸經穴

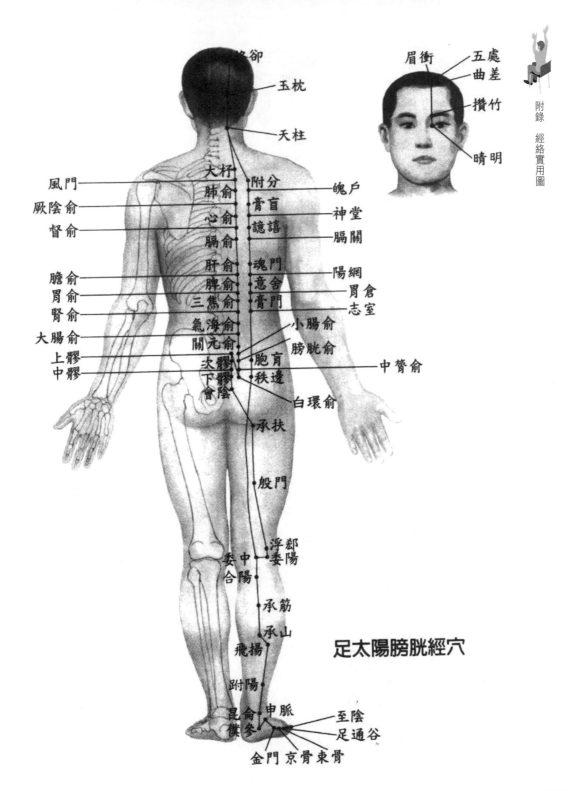

絡卻
玉枕
天柱
眉衝　五處
曲差
攢竹
晴明
大杼
風門　肺俞　附分　魄戶
厥陰俞　心俞　膏盲　神堂
督俞　譩譆　膈關
膈俞
肝俞　魂門　陽網
膽俞　脾俞　意舍　胃倉
胃俞　三焦俞　膏門　志室
腎俞
氣海俞　小腸俞
大腸俞　關元俞　膀胱俞
上髎　次髎　胞肓　中膂俞
中髎　下髎　秩邊
會陰　白環俞
承扶
殷門
浮郤
委中　委陽
合陽
承筋
承山
飛揚
跗陽
昆侖　申脈　至陰
僕參　足通谷
金門　京骨　束骨

足太陽膀胱經穴

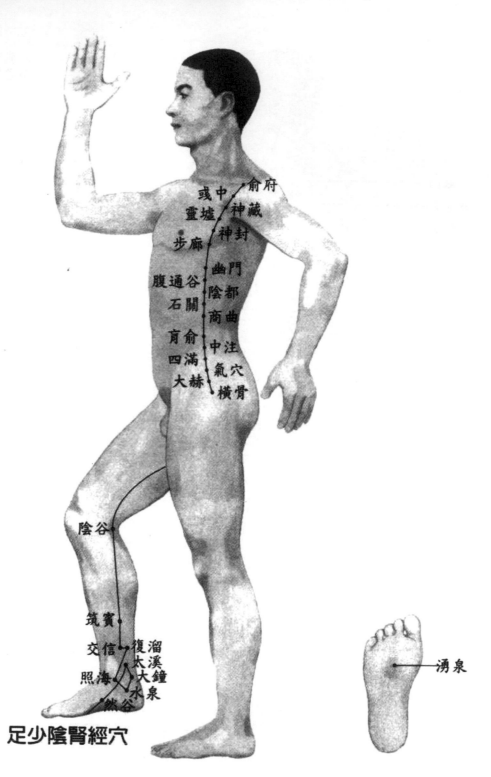

俞府
中 神藏
彧墟 神封
步廊 幽門 都曲
腹 谷關 陰商
通石 俞中 注穴
肓四 滿氣 橫骨
大 赫

陰谷

筑賓

交信 復溜
照海 太谿鐘
水大泉
然谷

湧泉

足少陰腎經穴

206

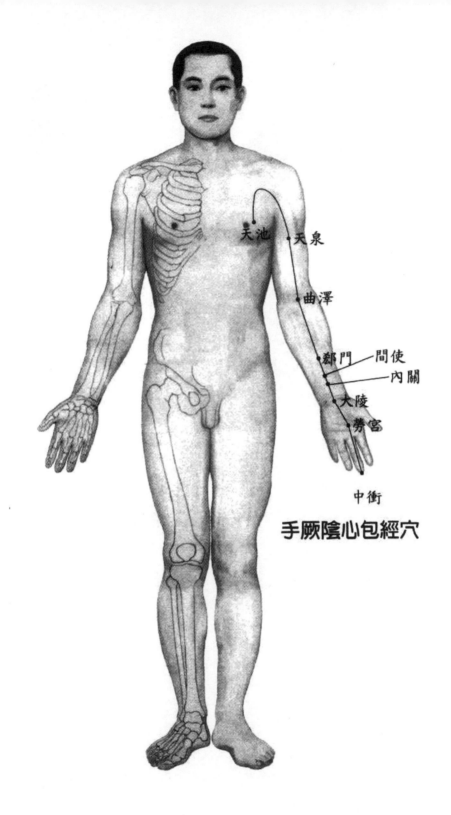

天池　・天泉

曲澤

郄門　　間使

　　　　內關

大陵

勞宮

中衝

手厥陰心包經穴

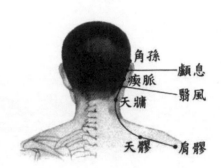

角孫
顱息
瘈脈
天牖
翳風
天髎
肩髎

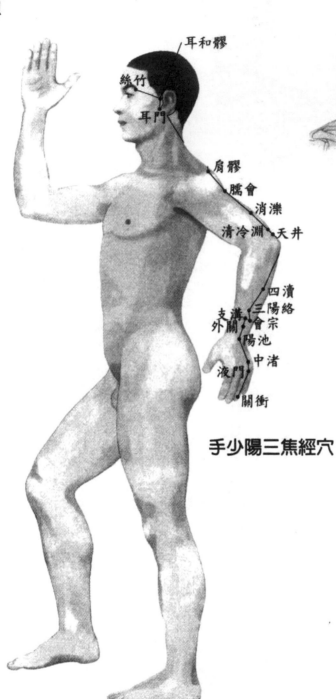

耳和髎
絲竹
耳門
肩髎
臑會
消濼
清冷淵　天井
四瀆
三陽絡
支溝　陽宗
外關　會
陽池
中渚
液門
關衝

手少陽三焦經穴

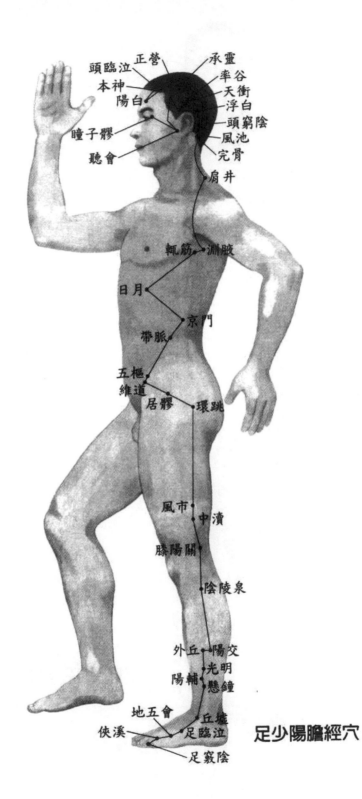

正營　承靈
頭臨泣　率谷
本神　天衝
陽白　浮白
頭竅陰
瞳子髎　風池
聽會　完骨
肩井

輒筋　淵腋
日月
京門
帶脈
五樞
維道
居髎　環跳

風市
中瀆
膝陽關
陰陵泉
外丘　陽交
光明
陽輔　懸鐘
地五會
俠溪　丘墟
足臨泣
足竅陰

足少陽膽經穴

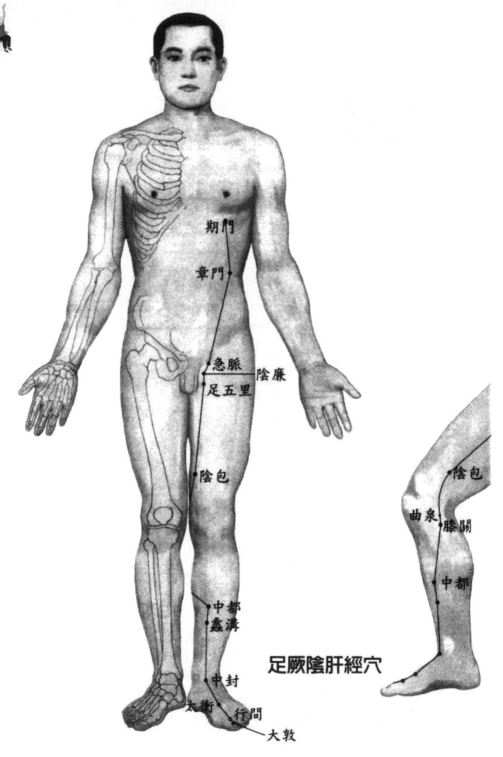

期門

章門

急脈

陰廉

足五里

陰包

陰包

曲泉

膝關

中都

中都

蟲溝

中封

太衝

行間

大敦

足厥陰肝經穴

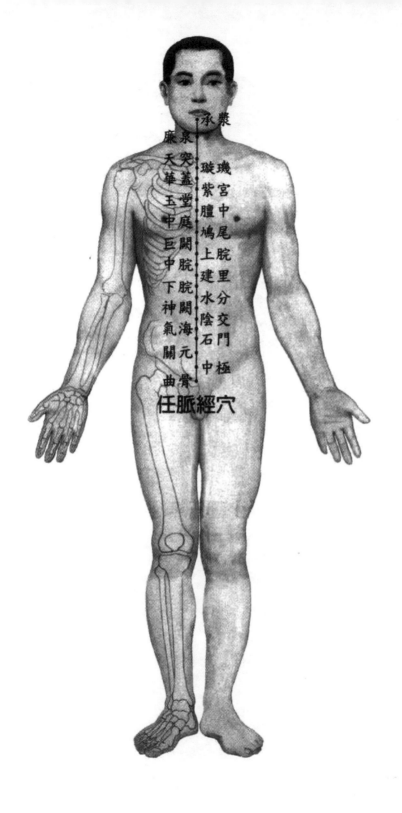

承漿
廉泉
天突
華蓋
玉堂
中庭
巨闕
中脘
下脘
神闕
氣海
關元
曲骨

璇宮
紫中
膻尾
鳩脘
上里
建分
水交
陰門
石極
中

任脈經穴

高齡者體適能活動設計與引導實務
──能量與律動共舞、高齡更健康

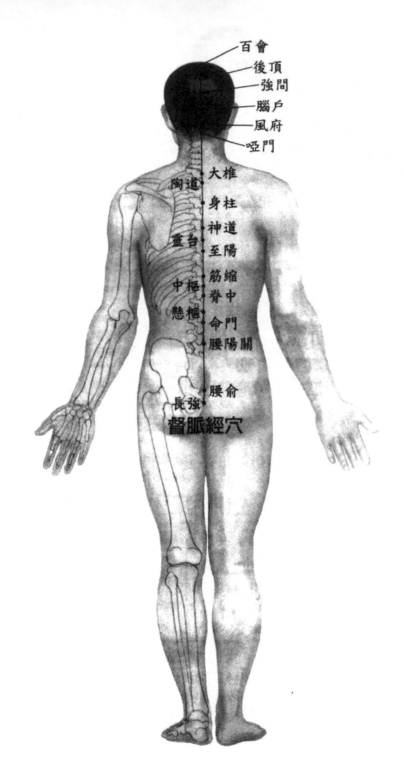

百會
後頂
強間
腦戶
風府
啞門

陶道　　椎
　　　大
　　　柱
靈台　　道
　　　身
　　　道陽
中樞　　神縮中
懸樞　　至筋門
　　　脊
　　　命
長強　　腰陽關
　　　腰俞

督脈經穴

參考書目

丁詠姍（2019）。《全身震動運動對社區高齡者體適能與衰弱程度及肌肉骨骼不適之探討》。亞州大學健康產業管理學系長期照護組碩士論文，未出版，南投縣。

方怡堯、張少熙、何信弘（2015）。〈多元性運動訓練對社區高齡者功能性體適能之影響〉。《體育學報》，48(1)，59-72。

方進隆（2019）。〈高齡衰弱者的運動指導與建議〉。《運動生理週訊》，400。取自：http://www.epsport.idv.tw/epsport/week/show.asp?repno=400&page=1（2019/11/25）

毛井然、陳江全（2007）。《新科技能量醫學：二十一世紀的醫術新秀》。台北市：五南。

王唯工（2007）。《氣的樂章：氣與經絡的科學解釋，中醫與人體的和諧之舞》。台北市：大塊。

王唯工（2010a）。《水的漫舞：水腫與老化的關係，健康飲食的全新觀點》。台北市：大塊。

王唯工（2010b）。《氣血的旋律：血液為生命之泉源，心臟為血液之幫浦揭開氣血共振的奧祕》。台北市：大塊。

王鶴森等（2015）。《運動生理學》（二版）。台北市：新文京。

台大醫院健康電子報（2017）。〈認識骨質疏鬆症〉。取自：https://epaper.ntuh.gov.tw/health/201708/project_1.html（2017年08月117期）

吳清忠（2014）。《人體使用手冊1》（二版）。台北市：達觀。

李似珍（2006）。《養性延命》。上海市：上海世紀。

李佳倫、鄭景峰（2010）。〈台灣老年人身體活動量與功能性體適能的關係〉。《大專體育學刊》，12(4)，79-89。

李章智（2016）。《太極DNA：解開太極拳的健康密碼》。台北市：未來書城。

李寧怡（譯）（2019）。Max Lugavere & Paul Grewal原著。《超級大腦飲食計畫：擊敗失智、調校大腦，讓你更聰明、更快樂、更有創造力》。台北市：如果。

周煜（主編）（2007）。《按壓穴位祛病圖解》（二版）。北京：氣象。

周爾晉（2018）。《火柴棒醫生手記》（二版）。台北市：達觀。

周嘉琪、胡凱揚、張鼎乾（2011）。〈融合團康性質的樂齡體適能活動設計與應用〉。《台灣體育論壇》，3，41-48。

易之新（譯）（2017）。Moshe Feldenkrais原著。《身體的智慧》。台北市：張老師。

林正常等（譯）（2017）。Scott Powers & Edward Howley原著。《運動生理學：體適能與運動表現的理論與應用》。台北市：麥格羅希爾。

林惠瑟（譯）（2005）。Jill Henry原著。《幸福能量書——如何平衡、增強、使用個人能量》。台北市：自然風。

林潔雨（2021）。〈銀髮族體適能檢測〉。國立陽明交通大學附設醫院衛教資訊。取自：https://www.ymuh.ym.edu.tw/tw/departments/health-care/other/rehabilitation/education/4329-%E9%8A%80%E9%AB%AE%E6%97%8F%E9%AB%94%E9%81%A9%E8%83%BD%E6%AA%A2%E6%B8%AC.html

武國忠（2009）。《人體自有大藥》。台中：晨星出版。

武國忠（2016）。《養陽氣：提升自身陽氣，就是百病的藥方》。台北市：高寶。

邱柏豪（2019）。〈生理老化健康促進〉。載於《老人學概論》（頁29-68）。台北市：華杏。

南懷瑾（1978）。《靜坐修道與長生不老》。台北市：老古

洪蘭（譯）（2016）。Norman Doidge原著。《自癒是大腦的本能》。台北市：遠流。

徐若英（譯）（2006）。李承憲原著。《與腦對話：腦呼吸啟動生命能量》。台北市：方智。

徐曉珮（譯）（2016）。Donna Eden & David Feinstein原著。《女性能量療法：永保青春健康的自助寶典》。台北市：心靈工坊。

秦秀蘭（2012）。《認知老化理論與實務》。新北市：揚智文化。

秦秀蘭（2014）。《機構高齡活動設計理論與實務構：律動、能量、團體動力》。台北市：揚智文化。

秦秀蘭（2019a）。〈老化的心理變化與老年期心理健康議題〉。載於《老人學概論》（頁67-96）。台北市：華杏。

秦秀蘭（2019b）。〈教練制度在長照講師專業人才養成體系的應用與精進〉。《台灣教育》，719，37-49。

秦秀蘭（2020）。〈第三波治療的實踐──高齡曼荼羅創造性自我表達教學的引導〉。中華民國社會教育學會主編。《活躍樂齡與地方創生》（頁29-46）。台北市：師大書苑。

秦秀蘭、林裕珍、蕭玉芬、莊華盈（2017）。〈台灣社區老人手部握力相關因素的探討──台灣南部社區民眾複合式健檢資料的分析研究〉。《台灣公共衛生雜誌》（台灣衛誌），36(4)，361-374。

秦秀蘭、林裕珍、蕭玉芬、莊華盈、李瑋（2018）。〈高齡者低握力評估的切點分析：台灣南部複合式健檢的實證分析〉。《台灣公共衛生雜誌》（台灣衛誌），37(6)，676-685。

秦秀蘭、梁鈞凱、顏博文（2020）。〈內丹學丹田與專注力訓練對中高齡身體健康的實證研究〉。中華民國社會教育學會主編。《活躍樂齡與地方創生》（頁65-80）。台北市：師大書苑。

馬悅凌（2015）。《溫度決定生老病死》（二版）。台北市：大都會文化事業有限公司。

張安之、李石勇、方鴻明（2012）。《氧生：21世紀最有效的防癌新革命》。台北市：時報出版。

張安之、莊一全、曾棋南（2016）。《優氧：改善微循環，優化身體氧氣，增強自癒力》。台北市：時報出版。

張志弘（2020）。《中醫體質辨證及養生調理》。經絡健康管理師丙級認證培訓講義。經國管理暨健康學院。

教育部體育署體適能網站（2021）。〈體適能介紹〉。取自：https://www.fitness.org.tw/

梁鈞凱（2020）。《樂齡呼吸療癒力》。新北市：匠心文創。

許瑞云（2014）。《哈佛醫師心能量》。台北市：平安文化。

許瑞云、陳煥章（2012）。《哈佛醫師養生法2：給外食族、上班族、壓力族的健康指南，從身體到心靈，全面安頓》。台北市：平安文化。

許瑞云、鄭先安（2020）。《心念自癒力：突破中醫、西醫的心療法》。台北市：天下文化。

陳永展（2004）。〈動態平衡能力測量〉。《運動生理週訊》，161。

取自：http://epsport.idv.tw/epsport/week/show.asp?repno=161。引用 2014/12/23

陳依靈（2019）。《單一與雙重作業之多元運動課程對高齡者功能性體適能及認知功能成效評估》。國立中正大學成人及繼續教育系高齡者教育研究所博士論文，未出版，嘉義縣。

陳怡如（譯）（2017）。Moshé Feldenkrais原著。《動中覺察：改變動作‧改善生活‧改寫人生》。台北市：心靈工坊。

陳昌駿（2019）。《圖解黃帝內經大全：以現代手法詮釋中國傳統醫學的經典巨著，自己的健康自己護》。台北市：新文創文化。

陳英菲（2017）。〈窺探阿茲海默症大腦〉。《科學人》，925（8月號）。取自：https://sa.ylib.com/MagArticle.aspx?id=2311

陳風河（2019）。〈能量醫學的現況與展望（下）〉。取自：https://www.joiiup.com/knowledge/content/1690

曾啟權（1996）。《日常病痛的穴位自療》。台北市：聯經。

黃立恒、張秦松、張尹凡（2015）。〈某偏遠地區老年居民慢性腎臟病與相關危險因子的流行病學調查〉。《台灣老年醫學暨老年學雜誌》，10：73-89。

楊定一、吳長泰（2016）。《螺旋舞：打開身體的結，找回快樂的你》。台北市：天下生活。

詹采妮（譯）（2015）。Alice Burmeister & Tom Monte原著。《仁神術的療癒奇蹟：調和生命能量的至簡療法》。台北市：方智。

廖月娟（譯）（2020）。Elizabeth Blackburn & Elissa Epel原著。《端粒效應：諾貝爾獎得主破解老化之祕，傳授真正有效的逆齡養生術》。台北市：天下文化

徹底的解剖學（2021）。〈胸腺的位置的外觀〉。取自：https://www.anatomy.tokyo/gallery_category/10-musculoskeletal/

維基百科（2021a）。〈共振〉。取自：https://zh.wikipedia.org/zh-tw/%E5%85%B1%E6%8C%AF_(%E5%8C%96%E5%AD%A6)

維基百科（2021b）。〈腸—腦軸線〉。取自：https://zh.wikipedia.org/zh-tw/%E8%85%B8%E2%80%94%E8%85%A6%E8%BB%B8%E7%B7%9A

銀髮心理科普知識推廣（2015）。〈耳順之年的秘密〉。取自：http://

silverpsynews.blogspot.tw/2013/08/blog-post_9.html

劉大元（2010）。《你不可不知的另類健康法》。台北市：書泉。

劉奕辰（2021）。〈肌少症（SARCOPENIA）的定義與檢查〉。取自：
　　https://www.physiomotionlab.com/tw/about

蔡孟璇（譯）（2004）。Donna Eden & David Feinstein原著。《能量醫
　　療》。台北市：琉璃光。

蔡孟璇（譯）（2012）。David Hawkins原著。《心靈能量：藏在身體裡的
　　大智慧》。台北市：方智。

衛生福利國民健康署（2021）。〈全民身體活動指引——銀髮族篇〉。取
　　自：https://health99.hpa.gov.tw/storage/pdf/materials/12237.pdf

衛生福利部國民健康署（2021）。〈健康體能的評量〉。取自：https://
　　www.hpa.gov.tw/Pages/Detail.aspx?nodeid=571&pid=883

衛生福利部國民健康署（2020）。〈心血管疾病總無情，健康生
　　活型態要力行〉。取自：https://www.hpa.gov.tw/Pages/Detail.
　　aspx?nodeid=4141&pid=12619（2020/09/21）

衛福部國民健康署（2018）。〈長者衰弱評估一定要到大醫院用精密儀器
　　檢查，才會知道長者是否有衰弱之狀態？〉。取自：https://www.hpa.
　　gov.tw/Pages/Detail.aspx?nodeid=127&pid=8810

諾麗果（譯）（2020）。太田博明原著。《一天100秒，遠離骨質疏鬆：日
　　本骨科名醫教你運動＋食補，重獲績優骨》。台北市：時報出版。

賴金鑫（1993）。《運動醫學講座》。台北市：健康文化。

賴錫三（2010）。〈《周易參同契》的「先天—後天學」與「內養—外煉
　　一體觀」〉。載於《丹道與易道——內丹的生命修煉與先天易學》。
　　台北市：新文豐。

謝維玲（譯）（2014）。Margaret Sassé原著。《聰明寶寶從五感律動開
　　始》。台北：遠流。

韓沁林（譯）（2014）。Cyndi Dale原著。《精微體：人體能量解剖全
　　書》。台北市：心靈工坊。

簡志龍（2013）。《律動療法：震走疾病，動出健康》。台北市：健康希
　　望生物科技。

簡盟月（2021）。〈預防及延緩失能照護方案——高齡暨失能者運動注意

事項與緊急狀況處理〉。能量律動健康操指導員培訓講義。台灣新高
齡社區健康發展學會編印。

豐東洋、黃耀宗、郭正煜、高士竣（2016）。〈身體活動量對老年人執行
控制功能影響之探討〉。《體育學報》，49，17-32。

Behrndt, E., Straubmeier, M., SeidIP, H., Book, S., Graessel, E., & Luttenberger,
K. (2017). The German day-care study: Multicomponent non-drug therapy
for people with cognitive impairment in day-care centres supplemented with
caregiver counselling (DeTaMAKS) -Study protocol of a cluster-randomised
controlled trial. *BMC Health Services Research, 17,* 492-518。

Bernstein, B. E., Meissner, A., & Lander, E. S. (2007). The Mammalian
Epigenome. *Cell, 128*(4), 669-681.

BrainPort Technologies (2021). BrainPort Vision Pro.取自：https://www.wicab.
com/brainport-vision-pro

Brann, A. (2013). *Make Your Brain Work: How to Maximize Your Efficiency, Pro-
ductivity and Effectiveness*. London: Kogan Page.

Capra, F. (1982). *The Turning Point: Science, and the Rising Culture*. New York:
Bantam Books.

Cruz-Jentoft, A. J., Bahat, G., Bauer, J., Boirie, Y., Bruyère, O., Cederholm, T.,
& Schneider, S. M. (2018). Sarcopenia: revised European consensus on
definition and diagnosis. *Age and Ageing, 48*(1), 16-31.

FasterEFT.ORG (2021). What is Faster EFT/Eutaptics. 取自：https://www.
faster-eft.org/

Fike, K. (2018). The 8 Challenges of Aging. Retrieved from: https://
www.forbes.com/sites/nextavenue/2018/04/06/the-8-challenges-of-
aging/?sh=20214c391f4a

Fulton, K. (2013). Functional U. Retrieved from: https://www.rhythmforgood.
com/

Gerber, R. (2001). *A Practical Guide to Vibrational Medicine: Energy Healing
and Spiritual Transformation*. An Imprint of Harper Collins Publisbers.

GREAT DOCTOR (2020)。失平衡易跌倒與耳朵有關？1個超簡單動作3天
改善平衡。取自：https://www.greatdoctor.com.hk/zh-hant/news/shipingh

engyidiedaoyuerduoyouguan1gechaojiandandongzuo3tiangaishanpingheng (2020/05/04)

Gronchi, G., Righi, S., Pierguidi, L., Giovannelli, F., Murasecco, I., & Viggiano, M. P. (2018). Automatic and controlled attentional orienting in the elderly: A dual-process view of the positivity effect. *Acta Psychologica, 185*, 229-234.

Haridy, R. (2018). Stress in middle age found to shrink your brain and impair memory. Retrieved from: https://newatlas.com/stress-memory-cortisol-brain-size/56947/?_trms=2f990b422abd3d8d.1624505258120

Hurley, D. (2020). Two Types of Parkinson's Disease Pathologies: Body-First Versus Brain-First. 取自：https://journals.lww.com/neurotodayonline/Fulltext/2020/11190/Two_Types_of_Parkinson_s_Disease_Pathologies_.12.aspx (November 19, 2020)

Jiang-Zbou Yeh, Hsiu-Lan Chin, Tai-Lin Wu, Shuo-En Xu, Bor-Wen Cheng (2019). Examining the benefits of somatosensory game machine on seniors with Dementia- Taking the example of one Yunlin County's daycare center with seniors. *Problems of Psychology in the 21st Centruy, 13*(1), 18-31

Keil, A., & Freund, A. M. (2009). Changes in the sensitivity to appetitive and aversive arousal across adulthood. *Psychology and Aging, 24*(3), 668-680.

Lee, I. (2008). *Brain Wave Vibration: Getting Back into the Rhythm of a Happy, Healthy Life.* AZ: BEST Life Media.

Naji, B. & Ekhtiari, H. (2016). New Generation of Psychotherapies Inspired by Cognitive Neuroscience Development: Emergence of Neurocognitive Therapies. *Basic Clin Neurosci, 7*(3), 179-184. Doi: 10.15412/J.BCN.03070301

Owen, J. A., Punt, J., Stranford, S. A., & Jones, P. P. (2013). *Kuby Immunology (sixth ed.)* (pp.41-42). New York: W. H. Freeman and Company.

Pike, A. A. (2014). *Improving Memory Through Creativity*. London: Jessica Kingsley Publishers.

Raz, N., & Rodrigue, K. M. (2006). Differential aging of the brain: Patterns, cognitive correlates and modifiers. *Neuroscience and Biobehavioral Reviews, 30*, 730-748.

Reuter-Lorenz, P. A. & Park, D. C. (2010). Human neuroscience and the aging mind: a new look at old problems. *Journal of Gerontology: Psychological Science, 65B*(4), 405-415.

Rikli, R. E., & Jones, C. J. (2013). *Senior Fitness Test Manual*. Champaign, IL: Human Kinetics.

Rosal, M. L. (2018). *Cognitive-Behavioral Art Therapy: From Behaviorism to The Third Wave*. New York: Routledge.

Scheibe S., & Carstensen, L. L. (2010). Emotional aging: Recent findings and future trends. *Journal of Gerontology: Psychological Science, 65B*(2), 135-144.

Tanga, Y., Lua, Q., Gengc, X., Steinc, E., Yangc, Y. & Posnerb, M. (2011). Short-term meditation induces white matter changes in the anterior cingulate. *PNAS, 107*(35), 15649-15652.

The Gary Craig Official EFT Training Centers (2021)。What is Official EFT？取自：https://www.emofree.com/

Tony Schwartz, T. & Catherine McCarthy, C. (2007). Manage Your Energy, Not Your Time. Retrieved from: https://hbr.org/2007/10/manage-your-energy-not-your-time (October, 2007)

Wikipedia (2021). Epigenome. Retrieved from: https://en.wikipedia.org/wiki/Epigenome

能量或振動醫學的參考網站資料

極向整合治療資訊網，https://www.mountainvalleycenter.com/

台灣靈性彩油諮詢網，http://www.aurasoma.com.tw/

社工叢書

高齡者體適能活動設計與引導實務
——能量與律動共舞、高齡更健康

作　　者／秦秀蘭、李瑋
出 版 者／揚智文化事業股份有限公司
　　　　　台灣新高齡社區健康發展學會
發 行 人／葉忠賢
總 編 輯／閻富萍
特約執輯／鄭美珠
地　　址／新北市深坑區北深路三段 258 號 8 樓
電　　話／(02)8662-6826
傳　　真／(02)2664-7633
網　　址／http://www.ycrc.com.tw
 E-mail ／service@ycrc.com.tw
 I S B N ／978-986-298-380-5
初版一刷／2021 年 10 月
初版二刷／2024 年 1 月
定　　價／新台幣 300 元

國家圖書館出版品預行編目（CIP）資料

高齡者體適能活動設計與引導實務：能量與
　律動共舞、高齡更健康 = Design and
　practice of senior fitness / 秦秀蘭, 李瑋著.
　-- 初版. -- 新北市：揚智文化事業股份有
　限公司, 2021.10
　　面；　公分. --（社工叢書）

　ISBN 978-986-298-380-5(平裝)

　1.體適能　2.運動健康　3.中老年人保健

528.9016　　　　　　　　　　110016019